Erfolgreiche Blogtexte

Christina

Susanne Diehm und Lisa Sintermann

Erfolgreiche Blogtexte

mitp

Bibliografische Information der Deutschen Nationalbibliothek
Die Deutsche Nationalbibliothek verzeichnet diese Publikation in der Deutschen Nationalbibliografie; detaillierte bibliografische Daten sind im Internet über <http://dnb.d-nb.de> abrufbar.

Bei der Herstellung des Werkes haben wir uns zukunftsbewusst für umweltverträgliche und wiederverwertbare Materialien entschieden.
Der Inhalt ist auf elementar chlorfreiem Papier gedruckt.

ISBN 978-3-95845-184-1
1. Auflage 2016

www.mitp.de
E-Mail: mitp-verlag@sigloch.de
Telefon: +49 7953 / 7189 - 079
Telefax: +49 7953 / 7189 - 082

Lektorat: Miriam Robels
Korrektur: Petra Heubach-Erdmann
Covergestaltung: Christian Kalkert
Coverbild: ©PhotographyByMK – fotolia.com
Satz: III-satz, Husby, www.drei-satz.de
Druck: Medienhaus Plump GmbH, Rheinbreitbach

Inhaltsverzeichnis

Über die Autorinnen

Susanne Diehm

Susanne Diehm ist Autorin mehrerer Schreibratgeber und eines Romans. Sie lehrt Kreatives Schreiben, begleitet andere Autoren und hat in Berlin den »Literarischen Salon Anna Blume« gegründet. Sie führt den Blog »schreibenbefluegelt« und hat immer wieder Spaß daran, mit Leichtigkeit und unterschiedlichen Methoden ins Schreiben zu kommen.

Ursprünglich war Susanne Diehm Kommunikationsmanagerin bei Gillette/P&G. Nach einem Studium zum M. A. Biografisches und Kreatives Schreiben und Ausbildungen zur Kunst-, Kreativitäts- und Lerntherapeutin tritt die Autorin nicht nur als Schreibcoach, sondern auch als Schreibtherapeutin auf die Bühne. Als Schreibpädagogin an Schulen und in europäischen Projekten eröffnet sie dort wie auch in der Gesundheitsförderung und Stressbewältigung den Menschen schreibend neue Welten. In Berlin bildet sie Therapeuten im Gesundheitsfördernden Kreativen Schreiben (GKS) weiter. Auf den Kanarischen Inseln und in Österreich hält sie Schreibworkshops. Als Dozentin des Deutschen Instituts für Lerntherapie ist sie bundesweit unterwegs. In Berlin, wo sie mit ihren beiden Kindern lebt, stellt sie im »Salon Anna Blume« Autoren einen Ort für Schreiberlebnisse und Lesungen zur Verfügung.

- Website der Autorin: www.susanne-diehm.de
- Website der Schreibtherapie: sudijumi.wordpress.com
- Website des Salons: annablume.wordpress.com
- Blog: http://schreibenbefluegelt.wordpress.com
- Mail: info@susanne-diehm.de

Lisa Sintermann

Lisa Sintermann ist Autorin und Texterin, Bloggerin und Yogalehrerin. Als Diplom Kulturwissenschaftlerin und Expertin für zeitgenössische Zeichnung veröffentlicht sie seit mehreren Jahren Artikel für Museen und Kunstverlage. Auch für Magazine und Zeitschriften schreibt sie über das, was sie liebt: Yoga, Kunst und Leben. Ihre Leidenschaft für das Schreiben entwickelte sie als Galeriemitarbeiterin in Madrid und Berlin, wo sie zahlreiche Pressetexte verfasste und jungen Künstlern ein wirkungsvolles Sprachrohr war. Ebenso begeistert wie vom Schreiben praktiziert und unterrichtet sie Element Yoga, eine Methode, Yoga im modernen Leben erfahrbar zu machen. Mit offenen Augen und dem Wunsch nach Tiefe gründete Lisa Sintermann ihren Blog »yogaundschreiben«. Hier hat sie sich auf wissenschaftlich fundierte Blogartikel spezialisiert, in die sie ihre persönlichen Erfahrungen einfließen lässt. Aus ihrer Arbeit als Autorin und Yogalehrerin heraus entwickelte sie Yoga- und Schreibworkshops. Lisa Sintermann lebt und arbeitet in Berlin.

- Blog und Website: www.yogaundschreiben.de
- E-Mail: lisa@yogaundscheiben.de

Einleitung

Monat für Monat werden über zwei Millionen deutschsprachige Blogbeiträge veröffentlicht. In Deutschland gibt es eine bunte und lebendige Bloglandschaft. Einzigartige, originelle und damit qualitativ hochwertige Blogtexte, die mit authentischer Sprache und informativen Inhalten gefüllt sind, finden ihre Leser.

Wie finden *Sie* Ihre Sprache und Inhalte, die ankommen? Das waren Fragen, die uns bewogen haben, dieses Buch zu schreiben.

Es gibt Blogtutorials im Netz – und trotzdem haben wir die Buchform gewählt. Das scheint uns passend, weil es tiefgründiger als im Netz möglich ist, das Thema »kreative Blogartikel« vorzustellen. Denn um dauerhaft und mit Leichtigkeit zu bloggen, müssen Sie ein wenig in die Tiefe gehen. Nicht nur mal schnell einen Tipp befolgen, sondern Ihre eigene Kreativität beflügeln. Damit Sie dauerhaft in der Lage sind, Ihre Leser zu begeistern!

Dafür wollen wir Ihnen Hintergrundwissen zu Schreibprozessen und Schreibmethoden aus der Schreibdidaktik zur Verfügung stellen, die wir auf Ihre Bedürfnisse als Blogger zugeschnitten haben. Wir geben Ihnen Input und laden Sie gleichzeitig mit einer Vielfalt von praktischen Übungen zum Schreiben ein. Aus unserem Repertoire als Yoga-Bloggerin und Schreibcoach geben wir Ihnen ausformulierte Anregungen mit Blogartikeln aus unserem Bereich. Zu Ihren Blogthemen bieten wir viele Inspirationen, aber wir möchten auch Sie selbst anregen. Denn erstens ist die Zahl der unterschiedlichen Blogthemen riesig, – denken Sie allein an Beauty-Blogger, Food-Blogger, Marketing-Blogger, IT-Blogger, Reise-Blogger und Stadt-Blogger; zweitens ist es für Sie viel spannender, unsere Muster in Ihren Bereich zu transformieren, als wenn wir das vorgeben. Viel lieber fordern wir Sie zur eigenen Kreativität auf und versuchen, diese herauszukitzeln. So wandern Sie von der Möglichkeit der Imitation zu eigenem Können. Sie können unser praktisches Format überall zur Hand haben, gedruckt oder digital, ganz egal wann und wo Sie bloggen.

Für wen haben wir dieses Buch geschrieben?

Wir haben dieses Buch für Blogger geschrieben, die schon technisch ausgestattet sind, das heißt bereits einen oder mehrere Blogs betreiben, und nun vor der Aufgabe stehen, regelmäßig zu bloggen und Content zu erstellen. Wir glauben daran, dass die Qualität von Blogartikeln entscheidend für das Hervorstechen eines Blogs ist. Ein Blog, dessen Texte überdauern, muss:

- interessante Inhalte anbieten – Content, Content, Content!
- gute und prägnant geschriebene Blogartikel zeigen
- regelmäßig Artikel offerieren
- mit informativen und unterhaltsamen Artikeln überraschen
- webgerecht gestaltet werden

Aus eigener Erfahrung können wir sagen: Das HANDWERK des Schreibens und das Wissen um die Animation eigener Kreativität ist von großer Bedeutung, um Leser dauerhaft zu binden. Auch deshalb geht es nicht nur um Tipps, sondern um Sie und Ihre Entwicklung: Sie sollen *Ihre Schreibstimme* finden. Wir wollen Sie beflügeln, sodass Sie mit Leichtigkeit bloggen und eine Haltung entwickeln, die Kreativität dauerhaft zulässt. Sie sollen sich dauerhaft wohlfühlen mit dem Bloggen, denn sicher haben Sie schon viel Mühe darauf verwendet,

- den Namen Ihres Blogs zu wählen
- Ihr Thema zu finden und einzugrenzen
- die Blogging-Plattform und das Hosting auszuwählen
- das Layout zu bestimmen
- Seiten anzulegen

Neue Ideen für Ihre Blogartikel – die Schreibkreativität zum Sprudeln bringen

Bei all dieser Arbeit vorneweg wäre es jetzt schade, wenn Sie nur ein paar begeisterte Blogartikel schreiben würden und Ihnen dann die Luft ausginge. Denn Sie sind jetzt nach all den Vorarbeiten da, wo die Freude am Bloggen erst losgeht: wenn man über die Texte für sich selbst Ausdruck findet; darüber spricht, was man liebt; Gleichgesinnte findet, mit denen der Austausch Spaß macht.

Falls Ihnen gerade die Ideen für Blogartikel ausgegangen sein sollten: Dagegen können wir etwas tun. Denn Schreibkreativität ist wie ein Brunnen, der nie versiegt – solange Sie wissen, wie Sie die Quelle zum Sprudeln bringen! Dabei helfen wir Ihnen.

Was für ein Blogger sind Sie?

Für Neu-Blogger: Keine Angst vor Schreibaufgaben: Ein Blog ist ein wenig wie ein überarbeitetes Schreibjournal. Sie haben bestimmt schon einmal Tagebuch geführt? Egal, wie peinlich der Gedanke daran Sie berühren mag: Die Leichtigkeit des Sich-Äußerns nehmen wir mit zum Bloggen. Wir zeigen Ihnen nur, wie Sie Ihre Form des Selbstausdrucks auch draußen in der Welt passabel und präsentierbar machen. Sie werden sichtbar. Sie können dort Ihre Gedanken und Ideen ausdrücken und Ihrer Kreativität und Schaffenskraft einen eigenen Raum geben. Kurz, kontinuierlich erscheinend, kreativ – so sollen Ihre Blogbeiträge sein. Dieses Buch hilft Ihnen, Ihre ureigensten Gedanken in lesbare Blogartikel zu transformieren.

Für Kreative und Freelancer: Für Menschen, die bereits im kreativen Bereich unterwegs sind, bietet Bloggen eine gute Möglichkeit, neue Projekte auszuprobieren und in einem überregionalen oder gar internationalen Umfeld zu testen. Sie können darüber schreiben, was Sie beeindruckt und beeinflusst, und Sie können mit Ihren Followern eine Blog-Abo-Gemeinde aufbauen. Ihre Schreibkreativität, die Sie hier mit uns aus Methoden der Schreibpädagogik entwickeln, können Sie auch in anderen kreativen Prozessen nutzen. Die Schreibanlässe, die wir bieten, werden Sie auch in anderen Bereichen inspirieren.

Für Corporate Blogger: Viele Firmen sind dazu übergegangen, Blogs zu führen. Das Potenzial dahinter: Ein Corporate Blog bietet neuen Mehrwert für Unternehmen und ihre Kunden. Ein Firmenblog macht das Unternehmen und die Menschen dahinter erlebbar. Hier ist es möglich, Themen zu positionieren, interessante Geschichten zu erzählen. Für Themenplanung und redaktionelle Arbeit finden Sie auch in unserem Buch wertvolle Hinweise, denn unsere Methoden sind überall anwendbar.

Für Debüt-Autoren: Natürlich können Blogs auch die ersten Meilensteine zu einem Buch sein; viele Autoren machen auf sich aufmerksam, indem sie gute Blogartikel schreiben und dann Buchaufträge erhalten. Ganz häufig so bei Ernährungsexperten, die einen Teil ihrer Rezepte zunächst kostenlos im Blog anbieten und dann, nachdem sie ihren Bekanntheitsgrad erhöht haben, ein erfolgreiches Kochbuch herausgeben. Selbst wenn es nicht einfach ist, bei einem renommierten Verlag zu landen, so haben Sie Nicht-Bloggern gegenüber doch zumindest den Vorteil, dass Sie dank Ihres Blogs und seiner Verbreitung ernst genommen werden. Und falls es nicht klappt mit dem Verlag: In Zeiten, in denen Self-Publishing so einfach ist, kann jeder sein E-Book oder eine Printausgabe vom eigenen Blog aus bewerben.

Für kranke Menschen: Für erkrankte Menschen bietet das Bloggen nicht nur ein Ventil, Sorgen und Nöte auszudrücken und sich damit zu entlasten, sondern auch einen Ort zu finden, über den man im Kontakt mit anderen Menschen Unterstützung und Hilfe finden kann; vielleicht auch dringend notwendige Fachsimpelei über Erfahrungen in der Behandlung der Krankheit. Ein Blog kann ein Weg sein aus dem Empfinden der Einsamkeit: Durch das Schreiben entfalten sich neue Netzwerke und Sie spüren, auch im gegenwärtigen Zustand etwas bewirken zu können; beim Schreiben werden die Ressourcen, die Sie haben, klarer. Sie spüren, welch ein Repertoire Ihnen zur Verfügung steht.

So führen wir Sie durch dieses Buch

Wir zeigen Ihnen, wie Sie als Blogger kreativ schreiben, inspiriert bleiben und guten Content erstellen. So gehen Sie Schritt für Schritt vor:

- **Kapitel 1:** Schreiben Sie animiert und motiviert.
- **Kapitel 2:** Entdecken und schulen Sie Ihre Kreativität.
- **Kapitel 3:** Finden Sie Inspiration mit unseren kreativen Schreibanlässen.
- **Kapitel 4:** Sammeln Sie Ideen mit unseren kreativen Schreibmethoden.
- **Kapitel 5:** Gestalten Sie Ihren Blogtext mit unseren Anlässen und Methoden.
- **Kapitel 6:** Überarbeiten und optimieren Sie Ihren Blogtext.
- **Kapitel 7:** Bleiben Sie dauerhaft inspiriert und authentisch.

Die Bedeutung von gutem Content

Ziel dieses Buches ist das dauerhafte Schreiben von gelungenen Blogartikeln: tiefgründige Blogtexte, die Ihnen mit Leichtigkeit gelingen. Der Schlüssel dazu ist Ihre Kreativität. Und unsere Vorgaben. So paradox es klingen mag: Vorgaben zu folgen, befreit die Kreativität! Denn aus dem unendlich Möglichen, das Sie blockiert, wählen wir für Sie eine Methode, die Sie durch den Kreativitätsprozess führt und Ihr Gehirn nicht überlastet. So fällt es Ihnen viel leichter, die ersten Sätze zu schreiben. Und da wir Sie durch den Schreibprozess führen, entstehen Ihre Texte vom Entwurf bis zum überarbeiteten Artikel mit Leichtigkeit. Mit der Zeit finden Sie dann zu Ihren Lieblingsmethoden und entwickeln vielleicht sogar eigene!

Nicht nur wir glauben fest an die Bedeutung von gutem Content. Kürzlich hat Google ein Update vorgenommen, das es »Content-Farmen« schwerer und »Qualitätsbloggern« leichter macht, wie es die Blogexperten Michael Firnkes und Robert Weller in ihrem Buch »Blog Boosting« beschreiben. So kommt es nicht mehr ausschließlich auf die perfekte Suchmaschinenoptimierung (SEO) an, sondern Google hat einen Weg gefunden, Blogseiten inhaltlich zu bewerten. Einzigartige, originelle und damit qualitativ hochwertige Blogtexte rücken auf den Ergebnislisten weiter nach oben. Viele Blogs, die Bild- und Textinhalte automatisch generierten, Inhalte nur kopierten oder Keywords aneinanderreihten, werden zunehmend zugunsten derjenigen Blogger verdrängt, die mehr Wert auf authentischen Inhalt legen. Das sind für uns Blogger und Leser doch gute Nachrichten! Mit unserem Buch möchten wir Ihnen helfen, diese Herausforderung anzunehmen. Steigern Sie die Qualität und damit den Erfolg Ihrer Blogtexte, indem Sie inspiriert und kreativ schreiben.

Methoden für jeden Schreibtyp

Bevor Sie mit dem kreativen Schreiben loslegen, lassen Sie uns sagen: Es gibt unterschiedliche Schreibtypen.

- Da wäre der **Strukturfolger**: Sie erstellen sich erst einen Plan und schreiben dann herunter.
- Oder Sie sind ein **Strukturerschaffer**: Sie legen einfach los und strukturieren während des Schreibens oder am Ende.

Wir möchten in diesem Buch nicht weiter auf die vielen anderen existierenden Modelle eingehen, denn wir glauben: Blogger müssen schnell und häufig schreiben und sitzen nicht an Langzeitprojekten wie einem Roman, bei dem Schreibtypen viel deutlicher hervortreten. Wir glauben aus unserer Praxiserfahrung heraus: Die meisten Blogger sind **Mischtypen**.

Wir haben Methoden für jeden Schreibtyp im Programm, sodass Sie in jedem Fall zu Ihrem optimalen Schreibergebnis kommen werden. Und mehr noch: Im Laufe der Zeit werden Sie herausfinden, wie Ihr persönlicher Schreibprozess am besten funktioniert. Mithilfe aktueller Erkenntnisse aus der Hirnforschung unterstützen wir Sie auf Ihrem Weg zu einer Kreativität, die Sie jederzeit abrufen können.

Die Vorlagen zu unseren Schreibmethoden ab Seite 81 können Sie sich übrigens kostenlos auf der Website des mitp-Verlags unter www.mitp.de/184 herunterladen und damit gleich starten.

Kapitel 1

Animation zum Schreiben

Zu Beginn unseres Buches möchten wir Ihnen zeigen, wie Sie eine Stimmung schaffen, in der Ihnen das Schreiben leichtfällt. Stimmen die Bedingungen, können Sie Ihre Kreativität viel besser wachrufen und zum Sprudeln bringen.

1.1 Schreibzeit

Schreibzeit definieren

Wann schreiben Sie gerne? Wenn Sie überlegt Ihre tägliche oder wöchentliche Schreibzeit klären, dann werden Sie sich quasi mit sich verabreden. Das ist gut. Überlassen Sie Ihre Produktivität nicht dem Zufall. Fragen Sie sich: Wann schreiben Sie am besten und wann lässt Ihr Leben es zu, dass Sie sich für zwanzig Minuten oder auch mal eine Stunde dem Bloggen widmen? Überlegen Sie, gehen Sie Ihren Terminkalender durch und buchen Sie Zeit fürs Bloggen genau dort, im Terminkalender. Sie sind erstaunt? Sie dachten, Bloggen funktioniere einfach so: Wenn die Inspiration kommt und die Muse Sie küsst, dann schreiben Sie? Mag sein. Aber die meisten Menschen müssen etwas strategischer vorgehen, um systematisch und regelmäßig Blogbeiträge zu erstellen. Vor allen Dingen wollen Sie Ihre Kreativität ja als regelmäßig sprudelnden Brunnen und nicht als versiegende Quelle begreifen – und da gehört es dazu, dass Sie Ihrer Muse Möglichkeiten schaffen, wann und wo Sie sich in Muße treffen. Im Kapitel »Kreativität« finden Sie mehr dazu.

Schreibzeit erhöhen

- Reservieren Sie sich am besten täglich eine bestimmte Zeit für Ihr Projekt – zu Beginn ganz bescheidene 30 Minuten.
- Vereinbaren Sie mit sich selbst, in dieser Zeit weder auf E-Mails, Anrufe oder SMS zu reagieren. Blockieren Sie am besten alles, was Sie stören könnte. Zur Belohnung und als Ansporn halten Sie anschließend kurz fest, was Sie in dieser Zeit alles geschafft haben – auch Kleinigkeiten.
- Am folgenden Tag erhöhen Sie Ihre Schreibzeit um fünf Minuten, am darauf folgenden um zehn Minuten – so lange, bis Sie ein Minimum von einer Stunde erreicht haben.
- Dann erst nehmen Sie die nächste Stunde in Angriff – Sie werden sehen, ganz mutig setzen Sie Ihre Schreibzeit immer weiter hoch. Wie beim Joggen ist es ein großartiges Gefühl, täglich zu erleben, wie sich die Schreibfitness erhöht.

Quelle: Diehm/Michaud,
»Erfolgreiche PR- und Unternehmenstexte«

Die Schreibfitness erhöhen bringt uns zum Stichwort Motivation: Wer ständig mit seiner Schreibzeit im Clinch liegt, weil er meint, keine Zeit für das Bloggen zu haben, dem empfehlen wir, sich nochmals seine Motivation zu vergegenwärtigen.

1.2 Motivation

Den eigenen Motiven auf der Spur – warum Bloggen beflügelt

Also, was sind Ihre persönlichen Motive zum Bloggen? Dieses Buch gibt Ihnen die Möglichkeit, sich beim Bloggen nicht nur fachlich, sondern auch persönlich weiterzuentwickeln, weil Sie sich selbst besser kennenlernen. Daher die Bitte, die folgenden Fragen schreibend zu beantworten. Schreibend deswegen, weil auch unbewusste Motive schreibend nach oben kommen und Sie so eine gute Chance haben, mehr von sich mitzubekommen als die fünf Prozent, die Ihnen – und allen anderen Menschen – bewusst sind. Wenn Sie Ihre Aufgabe und das Ziel klar vor sich sehen, sind Sie auf Dauer motivierter. Bitte beantworten Sie die folgenden Fragen:

Fragen zu Ihrer Motivation als Blogger

- Warum schreiben Sie einen Blog?
- Was macht Ihnen daran Spaß: informieren, selbst darstellen, Rat geben, Welt retten?
- Was ist Ihr Ziel? Ihr unausgesprochenes Ziel? Entdeckt werden? Von wem?
- Wer soll die Artikel in Ihrem Blog lesen?
- Welche Art Blogging-Person sind Sie?
- Wird Ihr Blog professionell oder persönlich?
- Wo liegen Ihre persönlichen Grenzen, was erzählen Sie nicht?
- Wie viel Zeit sind Sie bereit, zu investieren?

Was am Bloggen Freude bereitet. Unsere Antworten:

- Bloggen ist eine Form des kreativen Schaffens und führt in den Flow. Der Flow ist ein Zustand, in dem Sie spielerisch versunken sind und sozusagen auf Autopilot arbeiten; alles fliegt Ihnen zu.
- Schreiben ist ein Weg in die Kreativität generell; somit ein Schlüssel, um sich lebendig zu fühlen. Kreative Momente bringen Energie!
- Bloggen verschafft das Gefühl, in Kontrolle und Klarheit zu sein.
- Der Blog speist sich aus dem Leben und bereichert es gleichzeitig.
- Bloggen zeigt Leidenschaft und Authentizität, aber es geht auch ohne Nabelschau.

Vorsicht: Übermotivation

Gerade wenn Sie mit sehr viel Leidenschaft bloggen, sind Sie in Gefahr, über das Ziel hinauszuschießen. Ihr Blogbeitrag wirkt anders, als Sie es beabsichtigten: zu persönlich, zu euphorisch, peinlich? Überhöhte Motivation kann zum Gegenteil dessen führen, was Sie bezwecken.

Bloggen ohne Nabelschau

- Denken Sie an ein Thema zurück, bei dem sie unsicher sind oder waren, ob Sie es so in die Öffentlichkeit geben können.
- Was ging Ihnen dabei durch den Kopf? Sie müssen zum Beispiel für sich klären, ob Sie Bilder Ihrer Kinder ins Netz stellen oder nicht.
- Was sind Ihre Werte und Ängste? Lohnt es sich für Sie, Ihre eigenen Tabus zu brechen? Warum sollten Sie das tun wollen? Was sind Dinge, die Sie bei anderen sehen, die Sie nie täten?
- Schreiben Sie es sich auf in einer Liste. Diese Liste schickt Ihnen dann einen Warnschuss, wenn Sie Ihre eigenen Gebote in der Euphorie des Augenblicks übertreten wollen.
- Grundsätzlich gilt: Sie machen sich vorab klar, was Sie sagen wollen und was Sie nicht offenbaren werden.
- Sie bleiben bei dem, was Sie entschieden haben, um konsistent zu sein.

1.3 Weitere Tipps: Notieren und Konzentrieren

Das Logbuch als Entwicklungshelfer

Bitte schaffen Sie sich ein Logbuch für derart Persönliches an. Der Begriff Logbuch kommt aus der Schifffahrt. Aus einem *Logbuch* kann man alle wesentlichen Ereignisse einer Fahrt oder Reise erfahren. Ihrer Reise, denn Logbuch führen bedeutet für Sie, Eintragungen über »den Fortgang der Fahrt« bzw. die Entwicklung Ihrer Gedanken vorzunehmen. Eine Kladde oder ein Schreibheft oder ein besonderes Buch in Samt geschlagen – suchen Sie sich aus, was Sie mögen. Mit leeren Seiten, denn es soll dazu dienen, Ihre Erfolge festzuhalten, Entdeckungen zu beschreiben und Persönliches zu notieren; das ist die Logbuchfunktion. Es darf aber auch enthalten, was Ihnen unterwegs auffällt, Satzfragmente, Lieblingswörter, spontane Zeilen – das ist die Schreibjournalfunktion. Mehr dazu und warum es für Sie als Blogger wichtig ist, finden Sie im nächsten Kapitel im Zusammenhang mit Kreativität.

Perspektivwechsel

Neben emotionalen und mentalen Aspekten spielt beim Schreiben oft noch etwas anderes eine große Rolle: die Umgebung. Wenn Sie an unterschiedlichen Orten bloggen – unterwegs im Café, im Zug oder einem Garten –, dann erhöhen Sie durch diese wechselnden »Schreibtische« Ihre Wahrnehmung und können leichter einen Perspektivwechsel vornehmen. Ob Sie sich nun in eine Person des anderen Geschlechts versetzen oder in einen kleinen Dackel, dessen Sicht nicht höher als die der Bürgersteigkante reicht: Sie können beobachten, was sich draußen tut, wie sich Menschen und Tiere, über die Sie schreiben, bewegen und verhalten – das beflügelt Ihr Schreiben. Manche von Ihnen werden vielleicht aus Prinzip nur draußen im Café unter anderen Menschen schreiben können; einer unserer Lieblingsdichter der Gegenwart, der viele Preise gewonnen hat, A. Oliver, kann gar nicht anders, er muss aus seinem Haus im Schwarzwald heraus und im Café sitzen und das Leben um sich herum spüren. Wenn Sie zum Schreiben auch Geräusche um sich herum mögen, so wie unsere Lektorin, dann nutzen Sie die Apps wie Coffitivity. Diese App spielt Café- und Restaurantlaute nach.

Multitasking

Wir nehmen die Erkenntnisse aus der Hirnforschung ernst, die darlegen, dass es für unser armes Gehirn anstrengend ist, dauernd hin und her zu switchen. Bei jeder Unterbrechung muss sich das Gehirn auf eine neue Ebene einlassen. Das kostet Zeit und Energie. Wenn Sie stattdessen fokussiert schreiben, ohne dass Sie Mitbewohner, Partner oder Kinder ablenken, dann schaffen Sie tiefgründigere Texte in kürzerer Zeit. Daraus folgt, dass Sie sich als Blogger ernst nehmen sollten und Ihrem Schreiben einen besonderen Platz in Ihrem Leben geben. Dann sortiert sich alles wie von alleine, denn Sie haben eine Priorität. Das Schreiben tut Ihnen gut und Sie werden auch Ihren Partnern und Ihrer Familie mehr Qualitätszeit anbieten können, wenn Sie sich schreibend entlastet und beglückt haben – oder auch einfach Ihren Blogartikel geschrieben haben, der Ihnen schon unter der Haut saß und Sie zwickte.

Ihre Motivation zu klären, hilft Ihnen, längerfristig dranzubleiben. Wenn Sie wissen, warum Sie bloggen und wie weit Sie gehen, werden Sie auch guten Content erstellen, denn Sie werden nicht in Flachheiten verfallen. Persönliches vertrauen Sie Ihrem Blog-Logbuch oder Schreibjournal an. Das hilft Ihnen, über das Bloggen hinaus zu erkennen, was gerade ansteht. Sie werden Schreiben als Problemlösungs-Instrument kennenlernen und in Ihrem Blog tiefgründige, leicht geschriebene Inhalte vermitteln.

Kapitel 2

Wie Sie Ihre Kreativität schulen

Was ist Kreativität? Kreativität ist die Fähigkeit, etwas Neues zu schaffen. Das ist eine grundlegende Eigenschaft aller Lebewesen. Wären wir Menschen nicht kreativ, könnten wir nicht überleben. »Schon der Säugling schafft durch Vorformen von Gedanken und Vorstellungen eine innere Welt, die chaotischen Erregungen eine gewisse Struktur verleiht. Später entwickelt das Kind spielend seine persönliche Welt, die aus vielgestaltigen Ideen und Fantasien komponiert wird. Im Erwachsenenleben findet sich die spielerische Freude aus der Kinderzeit in produktiver und kreativer Arbeit wieder«, schreibt schon Professor Holm-Hadulla in seinem Buch »Kreativität – Konzept und Lebensstil«.

Aber Kreativität ist nicht nur eine Notwendigkeit in unserem Alltag, sondern sie bereitet auch Freude. Der Begriff kommt vom lateinischen Wort »creare«, das Schaffen, Erzeugen, Gestalten bedeutet. Eng verbunden sind die Verben *creare* und *crescere*, das wir als »werden, gedeihen, wachsen lassen« übersetzen. »Es geht also um das bewusste Schaffen des Neuen und das Wachsenlassen unbewusster Potenziale«

Warum erzählen wir Ihnen das, wo es hier doch um das Bloggen gehen soll? Wir wollen Ihnen klarmachen, dass Kreativität für alle da ist, wir alle kreativ sind. Das ist nicht nur eine Fähigkeit besonders begabter Menschen. Und wenn wir kreativ sind, dann fühlen wir uns wohl!

2.1 Kreativität und Wohlbefinden

Kreativität tut uns gut

Der Zusammenhang zwischen Kreativität und Wohlbefinden oder gar Gesundheit ist gut dokumentiert. Kreativer Ausdruck löst Entspannungsreaktionen aus und kann Stress im Körper ausgleichen. Wenn wir kreativ sind, dann werden Endorphine und andere Glücksbotenstoffe ausgeschüttet. Dopamin erhöht die Ideenassoziation. Als Glückshormon tut es uns seinen Dienst, indem es uns antreibt und Belohnungen verspricht. Es heißt sogar: »Depressionen und Ängste verschwinden, das Immunsystem wird gestärkt, körperliche Schmerzen werden gelindert und das parasympathische Nervensystem wird aktiviert, sodass sich unser Puls verlangsamt, der Blutdruck sinkt und die Atmung ruhiger wird und die Cortisolwerte fallen«, so wird es in »Mind over Medicine« beschrieben, einem Buch, das zeigt, wie wir mit unseren Gedanken unsere Gesundheit beeinflussen. Also Kreativität tut uns gut, hat einen positiven Einfluss auf unsere körperlichen Funktionen. Aber wie schaffen wir es, kreativ zu sein?

Wie funktioniert das mit der Kreativität?

Bislang ist es Forschern noch nicht geglückt, den Prozess des Ideenfindens völlig zu entschlüsseln. Anscheinend stellt das Gehirn blitzartig Verbindungen zwischen im gleichen Takt befindlichen Gehirnregionen her, so erklärt es die Autorin von »Inspiration jetzt«. Kleinigkeiten reichen aus, um uns zu inspirieren: Das kann ein Wort sein, ein Medienbericht oder ein Mensch, der etwas Ungewöhnliches tut. Das ist die Inspiration von außen. Es gibt aber auch eine innere, die aus dem bewusst herbeigeführten Entspannungszustand herrührt: wenn wir spazieren gehen, duschen, ins Feuer einer Kerze gucken. Auch eine ungewohnte Umgebung kann uns inspirieren, weil wir aus dem gewohnten Trott ausscheren und unsere Aufmerksamkeit stärker ist, wenn wir irgendwo fremd sind.

2.2 Phasen des Kreativitätsprozesses

Wir haben es schon erwähnt: Damit die Muse Sie küsst, brauchen Sie eine Verabredung mit ihr. Kreativität kann man nämlich auch systematisch abrufen – dann muss man nicht so lange warten. Neben der zeitlichen Verabredung zum Produktivsein brauchen Sie auch ein Ziel. Sie müssen Ihrem Gehirn schon sagen, welches Problem es lösen soll. Wissenschaft und Kunst haben Phasen des Kreativitätsprozesses erkannt. Wir haben unser Buch so aufgebaut, dass wir den kreativen Prozess nachempfinden. Wir möchten Sie nicht mit zu viel Theorie belasten, aber so viel sollten Sie wissen: Als Blogger durchlaufen Sie diese Phasen blitzschnell und teilweise unbewusst. Die Hilfen in unseren Kapiteln unterstützen Sie bei diesem Prozess:

Der kreative Prozess beim Bloggen

- **Vorbereitung:** Sie klären, worüber Sie schreiben wollen, und setzen sich ein Ziel. Sie gehen von Ihrem persönlichen Wissen aus und recherchieren dann erst weiter. (Kapitel 3)
- **Inkubation:** Sie brüten Ihre Gedanken dazu aus. (Kapitel 4)
- **Illumination:** Der kreative Funke springt über. (Kapitel 4)
- **Realisierung:** Sie bleiben dran und setzen Ihre Ideen in einen Blogartikel um. (Kapitel 5)
- **Verifikation:** Sie gehen Ihren Blogartikel kritisch durch und überarbeiten ihn. Und danach schicken Sie ihn hinaus in die Welt! (Kapitel 6)

2.3 Haltungen zur Kreativität

Wissen sollten Sie, dass auch Ihre innere Haltung Ihre Kreativität beeinflusst. Sie selbst sind der Schöpfer Ihrer Kreativität!

Wahrnehmung und Achtsamkeit schulen Inspiration

Das Wort Inspiration kommt vom lateinischen Begriff »inspiratio«; die sprachliche Wurzel ist also »spiritus«, Geist oder Seele. Wenn es Ihnen gut geht und Sie aufmerksam Ihre eigenen Gefühle und die Ihrer Umwelt scannen, dann sind Sie bei sich und wach – eine gute Voraussetzung für hausgemachte Ideen! Schauen Sie also, dass Sie genügend Schlaf bekommen, eine wichtige Voraussetzung, um im wahrsten Sinne des Wortes »wach« zu sein. Hinschauen, genauer hinschauen, entdecken ... Achtsamkeit führt zu Aufmerksamkeit und so fällt Ihnen auf, was anders ist und was vielleicht eine neue Lösung für ein altes Problem sein kann.

Offen sein für Neues

Wer offen ist für Neues, gibt seinen Assoziationsmöglichkeiten Freiraum und kann Ideen steigern. Je mehr und vielfältigere Informationen Sie sammeln, desto mehr Material steht Ihrem neuronalen Netzwerk zur Verfügung. Wenn Sie bei der Lektüre des Buchs unsere Methoden neugierig und mit der Lust auf »Neues« betrachten, dann geben Sie Ihrer Kreativität einen ordentlichen Schub. Über Neues staunen wir und es löst Gefühle und Gedanken aus; staunen Sie wie ein Kind und bringen Sie andere Menschen zum Erstaunen mit Ihren Blogbeiträgen!

Den Entdeckergeist fördern

Wenn Sie wie ein Kind immer wieder Warum-Fragen stellen, dann machen Sie es wie professionelle Kreative, die sich auch nicht mit einfachen Antworten abspeisen lassen. Selbst gut laufende Systeme zu ändern, kann neue Ideen bringen und letztlich zu einem noch besseren System führen. Fahren oder gehen Sie einfach mal neue Wege!

Ihre Sinne aktivieren

Ihre Sinne aktivieren können Sie überall. In unseren Schreibübungen werden Sie lernen, dass jeder Text besser wird, wenn Sie ihn mit Sinneseindrücken würzen. Kopfkino und Bilder erzeugen, darum wird es gehen, wenn Sie üben, einen Eindruck bei Ihrem Leser zu erzeugen, der haften bleibt. Die folgen Ihrer Kreativität nämlich noch lieber, wenn sie mit sinnlichen Eindrücken unterfüttert ist.

Ungewöhnliches kombinieren

Ungewöhnliches miteinander zu vereinen, wird Ihnen irgendwann leicht fallen und ganz von allein passieren, wenn Sie Ihre Assoziations- und Expressionsfluidität trainieren – Persönlichkeitsmerkmale oder eher Fähigkeiten, die kreative Menschen auszeichnen. Ihre Wort-Flüssigkeit und Ausdruckskraft trainieren Sie schreibend. Denn nur so entwickeln Sie die Schnelligkeit und Beweglichkeit, mit der Sie nach einer Weile Ihre Blogbeiträge schnell und leicht schreiben. Nach John P. Guilford ist Kreativität eine besondere Form des Denkens. Er spricht als Erster von »kreativen Persönlichkeitsmerkmalen«, die individuell variieren. Unabhängig den eigenen Weg gehen, sich auch mal unkonventionell verhalten, offen neuen Erfahrungen nachgehen, weitgespannte Interessen pflegen – all das sind Kennzeichen. Wenn wir Sie mit unserem Buch anregen, dann haben Sie ein Umfeld, das an Ihre Entwicklungsfähigkeit glaubt, und das beflügelt auch Sie. Kreative Leistungen können nicht »verordnet« werden, sondern sie stellen einen Schatz dar; einen Schatz, den wir durch das Schreiben entdecken und heben können.

2.4 Im Flow sein

Sie merken schon: Das Bloggen hat nicht nur damit zu tun, dass Sie beschreiben, was Ihnen passiert und was Sie erleben, sondern umgekehrt wird auch das Bloggen Ihr Leben und Ihre Haltung zum Leben verändern. Belohnung: Sie kommen in den Flow. In einem Interview mit der »Für Sie« zum Thema Schreibyoga hat es Susanne einmal so beschrieben: »Kreativität führt in den Flow. Wenn Sie im sogenannten Flow sind, also wie ein spielendes Kind ganz bei sich selbst, dann gelingt es Ihnen, Kontakt zu Ihrem Unterbewusstsein aufzunehmen. Und plötzlich können Sie sogar Dinge zu Papier bringen, von denen Sie vorher gar nichts wussten! Schreibend erkunden Sie so alle Möglichkeiten, die Ihnen offenstehen.«

Der Flow ist ein mentaler Zustand, in dem Sie instinktiv die richtigen Entscheidungen treffen, ohne dass es Ihnen bewusst ist. Sie lassen sich treiben, Sie versinken in einer bestimmten Tätigkeit. Sie leisten kreative Arbeit, ohne das Gefühl zu haben, zu arbeiten. Alles fällt Ihnen leicht, Sie geben sich hin. Viele Künstler kennen und lieben diesen Zustand und beschreiben ihn so, als würde das Werk, mit dem sie gerade beschäftigt sind, von selbst entstehen. Ein sehr befriedigender Zustand!

Mihály Csíkszentmihályi, emeritierter Professor für Psychologie an der University of Chicago und Autor, beschrieb das Flow-Erleben. Er gilt als der herausragendste Wissenschaftler auf diesem Gebiet, ist jedoch nicht der Erste, der das Konzept entdeckte. Zum Beispiel Kurt Hahn 1908 mit seiner synonym zu sehenden »schöpferischen Leidenschaft«, Maria Montessori mit »Polarisation der Aufmerksamkeit« und Abraham Maslow mit »peak experience«.

2.5 Prozess und Produkt

Nutzen Sie Ihren Flow als Motivation, um regelmäßig zu schreiben. Denn zwei Gründe sprechen eindeutig dafür: Um Ihre Kreativität zu erhöhen, benötigen Sie zum einen Zeit, die Sie ohne Absicht schreibspielend verbringen und ohne dass daraus ein Produkt entstehen muss. Zum andern wird Ihnen das Schreiben nach und nach leichter von der Hand gehen, da sich mit der Zeit neue neuronale Pfade bilden.

2.6 Blog-Logbuch

Schreiben ins Blog-Logbuch

Das mit dem Blog-Logbuch ist eine einfache und effektive Sache. Es unterstützt Sie dabei, Ihrer Kreativität Raum zu geben und schafft einen Platz, wo Sie Ihren Flow ausleben können. Wo Sie Frust und Gedanken ablassen, die in der offiziellen Welt nichts zu suchen haben. Wo Sie Ihre unausgegorenen Gedanken abladen und dann von höherer Stelle aus auf Brauchbares durchschauen. So ein Blog-Logbuch entlastet ungemein. Es wird Sie fast so entlasten wie ein Kind, das eine Verfehlung gestehen mag und einen Ansprechpartner braucht. Aber Sie brauchen niemanden – denn Sie haben Ihr Blog-Logbuch. Das ist für Sie der Ansprechpartner, mit dem Sie flüstern oder schreien können. Auch Ihre Geständnisse finden dort ihren Platz: Unsicherheiten, endlose Abwägungen und Ambivalenzen, tabuisierte Lüste und Vergnügungen – all das, was Sie Ihrer Umwelt nicht zumuten wollen. Sie glauben, da gäbe es bei Ihnen nichts? Oh doch, da gibt es bei jedem etwas.

Übung: Ungehemmte Schreibzeit

- Lassen Sie möglichst oft Ihren Gedanken freien Lauf. Folgen Sie Ihrer Intuition. Was bewegt Sie?
- Sie benötigen nur sieben Minuten ungehemmte Schreibzeit. Schade eigentlich, dass diese Zeilen niemand lesen wird, außer Ihnen selbst!
- Nutzen Sie diese zwei einfachen Anfangssätze, um Ihr Schreiben in Gang zu bekommen:
- Ich bin gerade ... (Ort)
- Wenn ich in mich hineinhöre, dann merke ich ... (Gedanken und Gefühle)

Vorsicht: Innerer Anspruch

Wer beim Schreiben den Anspruch hat, dass immer alles gleich aus einem Guss sein muss, der macht es sich sehr schwer. Dieser Perfektionsdrang ist in Ihrem Blog-Logbuch fehl am Platz! Das Logbuch ist Ihr Trainingsbuch. Sicher kämen Sie auch nicht auf die Idee, völlig untrainiert einen Kochwettbewerb gewinnen zu wollen, oder? Wichtige Texte wie die für Ihren Blog müssen erst einmal einen Moment lang vorgegart werden, dann langsam geköchelt und hinterher noch einmal abgeschmeckt. Erst dann entfalten sie ihr ganzes Aroma. Vielleicht müssen Sie Ihr Menü auch überarbeiten oder noch einmal aufsetzen; vielleicht taugten auch die Zutaten nicht? Was bietet sich da an? Rechtzeitig planen und ein Blog-Logbuch führen für Ungereimtes und Unausgegorenes!

Übung: Dialog mit dem inneren Zensor

- Schreiben Sie eine Mut-mach-Geschichte für sich selbst und geben Sie Ihrem inneren Zensor eins aufs Maul.
- Führen Sie einen Dialog mit ihm. In ihrer imaginierten Auseinandersetzung werden Sie am Ende zum Sieger.
- Stellen Sie ihn sich einfach vor, wie er Sie verunsichern will mit Aussagen wie: »Das kannst Du doch eh nicht! Konntest Du nie!«, und halten Sie dagegen: »Vielleicht konnte ich es nicht besonders gut, aber Schreiben ist ein Handwerk, und ich lerne das jetzt«, usw.

Hinweise für Ihr Blog-Logbuch

Ob Sie Ihr Blog-Logbuch als Kladde oder elektronisch führen, das überlassen wir völlig Ihnen. Sie können auch zusätzlich Apps wie Evernote, Google Keep, Apple Notizen oder Microsoft OneNote verwenden, um Ihre Ideen digital zu sammeln. Wichtig ist nur, dass Sie einen Platz haben, wo Sie alles schriftlich festhalten, was Ihnen durch den Kopf geht.

Kapitel 3

Inspiration finden – Kreative Schreibanlässe

3.1 Anregungen für jeden Blogger

In diesem Kapitel stellen wir Ihnen eine Reihe kreativer Schreibanlässe vor, die für jeden Blogger funktionieren. Ja, für jeden! Egal, in welcher Branche Sie sich bewegen und um welche Themen sich Ihr Blog dreht, unsere Liste wird Sie zum Schreiben anregen. Ganz gleich, ob Sie für eine Firma bloggen, ob Sie einen privaten Blog führen, ob Sie eher wissenschaftlich oder persönlich schreiben.

Ebenso ist es ganz gleich, welcher Schreibtyp Sie sind. Ob Sie erst darüber brüten, was Sie schreiben wollen, dann Ideen entwickeln und Inspiration suchen oder am Anfang versuchen, zu strukturieren – der Schreibprozess ist eine individuelle Angelegenheit, und an welcher Stelle der Rohtext kommt, bestimmen Sie. Wichtig ist nur, dass Sie verstehen, dass es einen Schreibprozess gibt, der nicht überfrachtet werden sollte damit, dass Sie gleich zu Beginn auf die korrekte Rechtschreibung und den besten Ausdruck achten. Das kommt erst nach dem Rohtext, Ihrem Entwurf.

Vertrauen Sie uns: Mit unseren Anlässen kommen Sie jederzeit und mit Leichtigkeit ins Schreiben und verlieren erst einmal die Angst vor dem leeren Bildschirm, die Sie so blockieren könnte, dass der Anfang eine zu große Überwindung wird. Darüber tragen wir Sie hinweg. Als Blogger müssen Sie regelmäßig neue Themen finden und immer wieder aufs Neue kreativ werden. Dabei möchten wir Ihnen helfen. Unsere Liste von Schreibanlässen ist wohl erprobt und jeder einzelne Anlass wird von vielen Seiten beleuchtet. Suchen Sie sich eine Facette aus, die Sie inspiriert, lassen Sie Ihre Ideen sprudeln und übertragen Sie sie auf Ihr Blogthema. Unter unseren Anlässen sind nicht nur bekannte Blogging-Klassiker, sondern auch neue Eigenkreationen.

Zwei Funktionen eines Blogtextes

Wir möchten Sie dazu motivieren, Blogtexte zu schreiben, die **nützlich und/oder unterhaltsam** sind. Wir glauben fest an diese Funktion, die ein jeder Blogartikel erfüllen sollte. Denn Leser von Webtexten im Internet sind wählerisch und ungeduldig. Finden sie nicht sofort die Informationen, die sie suchen, surfen sie weiter. Liefern Sie ihnen jedoch praktische und/oder emotionalisierende Inhalte, werden sie Ihren Blogbeitrag bis zum Ende lesen. Unsere Anlässe berücksichtigen diese Grundregel. Wir schlagen Ihnen sowohl praktische und erhellende Themen als auch packende und humorvolle Inhalte vor. Beides gleichzeitig ist natürlich auch erlaubt!

Wie gehen Sie vor?

Schreiben Sie alle Ideen, die Ihnen spontan zu unseren Anlässen einfallen, in Ihrem Blog-Logbuch auf. So erarbeiten Sie ein Repertoire an Ideen für Ihre Blogartikel. Sie können damit direkt loslegen und Ihren Blogtext schreiben. Egal, wie banal die Idee ist, schreiben Sie sie auf. Da kommt sicherlich beim ersten Lesen auch schon einiges zusammen. Wie erleichternd, gleich eine ganze Anzahl an Ideen im Blog-Logbuch an Bord zu haben! In diesem Fischteich guter Ideen können Sie angeln, wann immer Sie wollen. Bei unseren Beispielen haben wir entweder Anregungen geschrieben, wie Sie mit dem Thema umgehen könnten, oder Mustertexte eingefügt, an denen Sie sich entlanghangeln können.

Übersicht über kreative Schreibanlässe

3.2 Medien aktuell: Das Weltgeschehen, Prominente und Politiker

Worum geht's?

Heutzutage haben wir in der Regel rund um die Uhr und überall Zugang zum Weltgeschehen. Wir müssen nur auf unser Smartphone schauen, einen Blick in unsere Apps und abonnierten Blogs werfen oder auf Facebook & Co umhersurfen. Natürlich gibt es auch noch die klassischen Medien wie die gedruckte Tageszeitung am Kiosk, das gute alte Fernsehen und das Radio, das uns auf dem Laufenden hält: in der Küche, beim Frühstück, im Auto, auf dem Sofa. Und nicht zu vergessen seien da Kollegen, Freunde und Familie, mit denen wir über das Weltgeschehen reden. Jeder kommentiert aus seiner eigenen Perspektive.

Themenspektrum

In Ihrem Alltag werden Ihnen immer wieder Neuigkeiten, Diskussionen und Tragödien aus dem Weltgeschehen zufliegen. Die Intensität richtet sich danach, wie viel und wie bewusst Sie die Nachrichten in der Welt verfolgen. Heutzutage ist es eher eine Kunst, sich vor der negativen Nachrichten- und Bilderflut zu schützen! Halten Sie in Erinnerung, dass Sie weitestgehend selbst entscheiden können, welche Medienkanäle Sie benutzen und in welche Themen Sie tiefer einsteigen möchten. Natürlich liegen verwandte und relevante Themen rund um Ihren Blog am nächsten. Sobald Sie ein Blog-Thema haben, werden Ihnen sowieso immer Themen begegnen, die damit zu tun haben. Das hat mit der Synchronizität von Ereignissen zu tun und mit Ihrer erhöhten Aufmerksamkeit. Aber auch ferne Themengebiete können eine Inspirationsquelle sein.

Was daraus machen?

Hat Sie etwas in den Medien besonders bewegt, berührt oder überrascht? Wollten Sie bei einer Nachricht am liebsten die Augen verschließen oder hat Sie etwas brennend interessiert? Notieren Sie solche Momente in Ihrem Blog-Logbuch, anstatt sie vorbeiziehen zu lassen. Sie können ihnen im Nachhinein immer noch nachgehen und sie für einen Blogtext nutzen. Denn Sie müssen als Blogger nicht immer tagesaktuelle Berichte schreiben. Nutzen Sie die Medien eher als Aufhänger und Inspiration für Ihre eigenen Posts. Das Weltgeschehen bietet eine riesige Bandbreite an Themen, die Sie als Aufhänger für Ihren Text nutzen können. Schreiben Sie sich Passagen oder Aussagen auf, die Sie beschäftigt haben. Speichern Sie zusätzlich Bilder (aber Vorsicht mit der Verwendung im Netz!) als persönliche Erinnerungsstütze für das Schreiben. Sie können das, was Sie aufgreifen möchten, gutheißen, abwiegeln, hinterfragen oder weiterspinnen.

Bezogen auf Ihren Blog

Wer sind die Promis in Ihrem Gebiet? Stellen Sie sie vor. Wie beeinflusst ein aktuelles Ereignis Ihre Blogleser? Hier ein paar Beispiele, wie Sie damit Ihre Leser amüsieren können:

Stadt-Blogger: Welche Promis gibt es in der Stadt und wo treiben sie sich rum? Wann wurde er/sie gesehen? In welchem T-Shirt? Nein, das ist zu banal. Human Interest zieht natürlich immer, aber bitte nicht zu platt werden. Natürlich können Sie spekulieren, welcher Zusammenhang zwischen dem Gesichtsausdruck Ihres Promis und dem letzten Skandal besteht, aber bleiben Sie bitte cool: Promis sind auch nur Menschen!

Mode-Blogger: Wer sind moderne und klassische Stilikonen? Stellen Sie sie vor. Toll wäre, wenn Sie Ihr Wissen hier ausbreiten und Analogien fänden zu bekannten Beispielen. Also zum Beispiel die Androgynität Tilda Swintons in »A bigger splash« vergleichen mit Romy Schneiders Weiblichkeit in »Swimming pool« als der Vorlage des Remakes.

Foto-Blogger: Gibt es prominente Fotografen? Was halten Sie von der Arbeit von Paparazzi? Wie wird ein aktueller Sachverhalt in den Medien bebildert? Vielleicht nehmen Sie mal einen ungewöhnlichen Standpunkt ein und schildern das Leben eines Paparazzi?

IT-Blogger: An welchem Namen in der IT geht gerade kein Weg vorbei und warum? Es wäre wunderbar, wenn Sie es verstünden, die nur Kennern vertraute Welt der IT mal für alle Menschen interessant zu machen.

3.3 Veranstaltungen und Experten

Worum geht's?

In Ihrem Job werden Sie mit Sicherheit des Öfteren auf Konferenzen, Vorträge, Seminare, Messen oder Fortbildungen geschickt. Vielleicht bilden Sie sich auch gerne auf eigene Faust in Workshops fort und lassen sich von Fachleuten, Lehrern und Vorbildern inspirieren, insbesondere wenn Sie selbstständig tätig sind. Die Teilnahme an Veranstaltungen schult unseren Wissensstand, bringt im besten Falle Spaß und pflegt ganz nebenbei unser Netzwerk.

Themenspektrum

Natürlich besuchen Sie vorwiegend die Veranstaltungen Ihres Interesses: IT-Konferenzen, Messen zu gesunder Ernährung, Fortbildungen etc. Vielleicht haben Sie einen Lieblings-Aus- und Fortbilder, dem Sie schon lange folgen. Nähern Sie sich aber auch neuen Menschen an. Und mehr noch: Wagen Sie einmal den Blick über den eigenen Tellerrand und besuchen Sie eine Veranstaltung, die rein gar nichts mit Ihrem Gebiet zu tun hat. Schauen Sie, was Ihnen auffällt. Das können nicht nur die Inhalte sein, sondern auch die Menschen, die dort hingehen, und die Orte, an denen sie sich versammeln. Kommen Sie mit ihnen ins Gespräch. Es werden sich ganz neue Welten eröffnen, die Sie für einen neuen Blogtext als Inspiration und Aufhänger nutzen können.

> **Tipp**
>
> **Einkommensteuer: Fortbildungen, Lehrgänge und Kurse als Freiberufler absetzen.**
>
> Wer für seinen Beruf, seine Selbstständigkeit oder freiberufliche Tätigkeit an einer Fortbildung, einem Lehrgang oder einem Kurs teilnehmen möchte, der kann auch die Kosten für die Fortbildung, den Lehrgang oder den Kurs absetzen. Im Gegensatz zu anderen Kosten sind diese sogar voll abzugsfähig und nicht nur anteilig.

Die Kosten für die Fortbildung, den Lehrgang und die Kurse kann man in der Steuererklärung unter dem Punkt Werbungskosten absetzen. Wichtig ist jedoch, dass man diese nachweisen kann – hier ist nicht nur eine Rechnung oder eine genaue Kostenaufstellung erforderlich, sondern es muss auch der Inhalt der Fortbildung, des Lehrgangs oder Kurses dargelegt werden, damit dieser auch als beruflich notwendig und angemessen anerkannt wird.

Quelle: www.steuerncheck.net/kurse-lehrgang-fortbildung-steuer-absetzen/

Tipp

Weiterbildung als Angestellter:

Bei vielen Unternehmen gibt es Tarifverträge oder eine Betriebsvereinbarung, die regeln, welche Weiterbildungen Arbeitnehmern vom Unternehmen finanziert werden. Erkundigen Sie sich bei den Vorgesetzten, aber auch beim Betriebsrat und ziehen Sie dann Ihre eigenen Schlüsse. Möchten Sie sich als Angestellte/r auf eigene Kosten weiterbilden, darf Ihr Arbeitgeber Ihnen das nicht verweigern. Vorausgesetzt, betriebliche Gründe stehen Ihrem Freistellungswunsch nicht entgegen und die Bildung bzw. Weiterbildung erfüllt die Voraussetzungen des jeweiligen Bildungsurlaubsgesetzes des Landes. So ist zum Beispiel im Berliner Bildungsurlaubsgesetz geregelt, dass der Bildungsurlaub der politischen Bildung und der beruflichen Weiterbildung dienen soll.

Was daraus machen?

Lassen Sie sich von anderen inspirieren. Sie müssen nicht immer alle Bloginhalte allein am Schreibtisch aus Ihrem Ärmel schütteln. Nutzen Sie die Veranstaltungen, auf die Sie gehen, um darüber zu berichten. Greifen Sie Zitate oder Sätze auf, die Sie besonders interessant fanden.

Oder nehmen Sie sie auseinander. Sie dürfen auch kritisch sein! Fassen Sie den Inhalt zusammen, heben Sie die spannenden Punkte hervor, geben Sie Ihre Meinung dazu ab. Sprechen Sie Empfehlungen oder Kritiken aus. Ihre Leser erfahren darüber weitaus mehr als Details über die Veranstaltung, die Sie besucht haben. Sie bekommen einen Eindruck Ihrer Sichtweisen und Interessen, Ihrer Professionalität und Persönlichkeit.

Bezogen auf Ihren Blog

Schauen Sie mal im Netz, welche großen Veranstaltungen es zu Ihrem Themengebiet gibt. Photokina? Anuga? Tourismus-Messe? Aber schauen Sie auch nach kleinen Veranstaltungen und Themenabenden in Ihrer Nähe. Jeder einzelne Programmpunkt einer Veranstaltung kann Sie zu einem Artikel inspirieren. Achten Sie bei dem Besuch eines Events auch darauf, welche Menschen Sie getroffen haben. Gab es dort eine Situation, die Sie überrascht, geärgert, glücklich gemacht hat? Sie können auch ein Interview führen. Interviews bieten Abwechslung, lassen andere Menschen zu Wort kommen und eröffnen neue Perspektiven.

3.4 Studien und Statistiken

Worum geht's?

In unserer heutigen Wissens- und Informationsgesellschaft spielen Studien und Statistiken eine bedeutende Rolle. Daten und Fakten werden von Instituten erhoben, Umfragen durchgeführt, Interviews ausgewertet und in Grafiken veranschaulicht. Statistiken können Bände über gesellschaftliche, soziale und politische Zustände erzählen. Studien sind grundlegende Werkzeuge dafür, die Vergangenheit unter die Lupe zu nehmen, aktuelle Situationen zu untersuchen oder Prognosen für zukünftige Trends aufzustellen.

Themenspektrum

Werfen wir einen Blick in die Medien, begegnen uns Untersuchungen und Datenerhebungen über die zunehmende Erderwärmung, den ansteigenden Flüchtlingsstrom, die neusten Wahlprognosen, die drastischsten Mieterhöhungen, die heißesten Ernährungstrends oder den innovativsten IT-Durchbruch. Besonderer Beliebtheit erfreuen sich Studien zur Glücksforschung, etwa zu Liebe, Partner- und Elternschaft. Oftmals werden Ratgeber und Tipps aus Studien und Statistiken abgeleitet.

Was daraus machen?

Recherchieren Sie nach Studien und Statistiken, die Sie interessieren. Als Yogalehrerin möchten Sie zum Beispiel wissen, wie viele Menschen derzeit in Deutschland ins Yogastudio gehen. Oder Sie suchen nach der heiß umstrittenen Untersuchung, in der es heißt, Yoga sei gesundheitsgefährdend. Ziehen Sie Google zurate und suchen Sie im Netz nach allen Informationen, die Sie finden können. Durchforsten Sie das Internet oder werfen Sie einen Blick in Tageszeitungen, Zeitschriften und Fachliteratur. Vielleicht gehen Sie sogar mal wieder in die gute alte Bibliothek oder durchstöbern einen Buchladen? Achtung! Vergessen Sie nicht, Ihre Quellen offenzulegen, und legen Sie Wert auf korrektes Zitieren. Wenn Sie besonders kreativ werden möchten oder keine passenden Untersuchungen finden: Stellen Sie Ihre eigene kleine Studie auf, entwerfen Sie Fragebögen und schicken Sie sie an Ihre Freunde und Kollegen.

Bezogen auf Ihren Blog

Recherchieren Sie: Wo finden Sie Studien und Statistiken aus Ihrem Blogbereich? Suchen Sie Trendberichte für Mode und Beauty, aktuelle Statistiken auf der Website der Stadt, IT-Statistiken oder unter dem Motto »Forscher haben herausgefunden …«. Beispiele finden Sie allein schon dann, wenn Sie die Stichworte in eine Suchmaschine eingeben. Aber bitte, seien Sie kritisch: Hier verbergen sich sehr schnell geheime Manipulationsversuche, wo mit »Statistik« versucht wird, Werbung zu betreiben. Mit Schokolade kann man abnehmen, die Statistik beweist es? Schauen Sie hinter die Kulissen. Als Blogger haben Sie eine social responsibility: Sie beeinflussen Menschen mit Ihrer Meinung. Es ist ein Kennzeichen unserer immer komplexer werdenden Welt, dass Menschen Empfehlungen suchen. Also empfehlen Sie nur, wenn Sie sich wirklich den Hintergrund angesehen haben. Können Sie Billig-Modemarken empfehlen, wenn Sie wissen, unter welchen Bedingungen Menschen im Ausland ausgebeutet werden? Wäre ein Artikel über Qualität ohne Betrug und zu angemessenem Preis nicht viel interessanter? Muss denn dieser übermäßige unüberlegte Konsum sein oder können wir nicht eher einen Trend setzen, der mal gegen den Trend geht – und genau deshalb so interessant ist?

3.5 Rituale, Feiertage und Jubiläen

Worum geht's?

Menschen brauchen Rituale. Sie helfen uns, Übergänge bewusster zu erleben, Kraft für einen neuen Abschnitt zu schöpfen oder Abschied zu nehmen. Rituale zelebrieren Leben und Tod: die Geburt eines Menschen, eine Hochzeit oder eine Beerdigung. Geburtstage, Hochzeitstage und Todestage sind vielleicht die größten Ereignisse, die jedes Jahr wieder in Erinnerung treten.

Themenspektrum

Es gibt viele weitere persönliche Anlässe zum Feiern, zum Beispiel ein Firmenjubiläum oder der Jahrestag Ihrer Beziehung. Und dann wären da noch die gesetzlichen Feiertage, dessen religiösen Hintergründe so manch einer gar nicht mehr kennt: Ostern, Himmelfahrt, Pfingsten oder Weihnachten. Hinzu kommen politisch-gesellschaftlich geprägte Feiertage wie der Tag der Arbeit oder der Tag der Deutschen Einheit. Je nachdem, in welcher Kultur Sie leben, fallen diese Feiertage anders aus. Denken Sie an Sabbat, Ramadan oder Thanksgiving. Das Grundprinzip ist immer dasselbe: Wir besinnen uns, erinnern uns, treten für einen Moment aus unserem Alltag heraus und kommen in Gesellschaft zusammen. Für manch einen sind all diese Feiertage ein Graus. Gehören Sie auch dazu? Flüchten Sie am liebsten an Geburts- oder Hochzeitstagen?

Was daraus machen?

Machen Sie sich bewusst, wie viele Feiertage es im Jahr gibt. Schreiben Sie alle besonderen Tage auf in Ihrem Blog-Logbuch oder Editorial Calendar. Er gibt ihnen eine Übersicht, wann Sie welchen Blog-Beitrag posten wollen. Denken Sie an alle Kategorien: »persönlich«, »gesetzlich« und »kulturell«. Sammeln Sie darüber hinaus alle weiteren Daten, die Ihnen einfallen, etwa die Sommersonnenwende oder die Zeitumstellung. Auch Ihre ganz persönlichen Rituale zählen: Ihr immer gleiches Morgenritual oder Ihr Sommerurlaub. Markieren Sie diese Tage in Ihrem Editorial Calendar (mehr dazu erfahren Sie auf Seite 149). Sobald – oder noch bevor? – einer dieser Tage eintritt, nehmen Sie ihn zum Anlass und beschreiben Sie, wie er abläuft und was dieser Tag Ihnen bedeutet. Berichten Sie von einer Feier, an der Sie teilgenommen haben. Oder erläutern Sie die Hintergründe des Feiertages, die niemand mehr zu kennen scheint. Eine andere Möglichkeit wäre: Berichten Sie Ihren Lesern, wie der Feiertag in Ihrer Branche zelebriert wird.

Bezogen auf Ihren Blog

Im Internet findet man viele »Welttage des ...«. Nehmen wir den Welttag des Buches am 23. April. Ein von der UNESCO weltweit eingerichteter Feiertag für das Lesen, für Bücher, für die Kultur des geschriebenen Wortes und auch für die Rechte ihrer Autoren. Das Thema ist so allgemein: In jedem Blogging-Bereich können Sie damit spielen. Sie können am Tag davor zum Beispiel darauf hinweisen, damit Ihre Leser diesen speziellen Tag nicht vergessen. Damit sind Sie auch einen Tag früher dran als alle anderen. Oder warum nicht an diesem Tag ein Buch beginnen? Vielleicht inspirieren Sie Ihre Leser dazu. Eine Anekdote dazu: Wie ich jemanden zu einem Buch inspiriert habe und erst am Abend festgestellt habe, dass es der Welttag des Buches war!

Natur-Blogger: Nutzen Sie den Tag einer bestimmten Pflanze. Oder führen Sie anlässlich des »Internationalen Tages der offenen Blume« einen imaginären Dialog mit einer Pflanze, etwa mit Frau Tulpe, wie es Stefan Schmitt in »DIE ZEIT« Nr. 20/2015 getan hat: »Frau Tulpe, am 18. Mai ist der internationale Fascination of Plants Day – ein Welttag der Faszination für Pflanzen. Was halten Sie als Blume davon? Tulipa Tulpe: Nervig, diese ganze Publicity!«

Politik-Blogger: Der 1. Mai ist für uns der Tag der Arbeit, aber stellen Sie sich doch einmal vor, wie der Tag der Arbeit international gefeiert wird, etwa der Labor Day im September, Oktober oder März in den Vereinigten Staaten, Kanada, Australien und Neuseeland oder der Tag des Dankes für die Arbeit am 23. November in Japan.

Stadt-Blogger: Schauen Sie doch einmal nach den Persönlichkeiten Ihrer Stadt und tragen Sie in Ihren Kalender ein, wann sie geboren wurden oder starben. Schaffen Sie ihnen ein Denkmal, indem Sie an dem jeweiligen Tag etwas über sie schreiben. Zu den bekannten Personen der Stadt Heidelberg zählen zum Beispiel Michael Fassbender, Silvia von Schweden, Friedrich Ebert und Hubert Burda.

Gesundheits-Blogger: Wann startet welche Allergiezeit? Das wäre ein wunderbarer Service für Ihre Leser, wenn Sie ihnen sagen, welche Pollen heute unterwegs sind und was dagegen zu tun ist. Finden Sie einen Pollenflugkalender, der Ihnen eine grobe Übersicht gibt, zu welcher Jahreszeit welche Pollen gerade aktiv sind. Da gibt es immer Auffälligkeiten zu entdecken, über die Ihre Leser staunen werden: Manche Pflanzen blühen bereits Anfang Januar. Erle und Haselnuss beispielsweise haben im März schon ihre Hauptblütezeit. Dieser Service wird von Ihren Lesern dankbar entgegengenommen und sie an Ihren Blog binden.

Familien-Blogger: Rechtzeitig vor dem Tag der Kindergartenanmeldung in Ihrem Bezirk könnten Sie Eltern den Unterschied zwischen Kindergarten und Kinderkrippe erläutern. Wenn Sie den Eltern Ihrer Region dabei helfen, sich zu orientieren, und vielleicht noch schneller und vorausschauender sind als die Tageszeitung, dann erweisen Sie Eltern einen großen Dienst. Vielleicht bleibt man dann auf Ihrer Seite, weil sich die Familien erhoffen, dass Sie weiterhin der Zeit voraus sind und gute Hilfestellung als Ratgeber bringen!

3.6 Jahreszeiten

Worum geht's?

Auf die Jahreszeiten ist immer Verlass. Sie kehren unausweichlich wieder und umspannen unseren Alltag. Mal nehmen wir sie kaum wahr, mal beeinflussen sie unser Leben immens, bei plötzlichem Glatteis, Dauerregen oder Hitzefrei. Sommer, Herbst, Winter und Frühling werden gerne zum Gesprächsthema Nummer eins, wenn Sie in einen Small Talk verwickelt sind. Das Schöne an den vier Jahreszeiten ist, dass jede ihre besonderen Vorzüge hat und sie Abwechslung schaffen. Der Frühling kann kindliche Neugierde und Begeisterung in uns wecken. Frühlingsgefühle tauchen auf, wenn wir die ersten Vögel zwitschern hören. Der Geruch des Sommers erinnert plötzlich an unsere erste Jugendliebe.

Themenspektrum

Die vier Jahreszeiten sind immer verfügbar. Richten Sie Ihre Aufmerksamkeit auf sie! Angefangen bei Ihnen selbst: Was ist Ihre Lieblingsjahreszeit und wieso? In welcher Jahreszeit sind Sie geboren? Flüchten Sie regelmäßig zu einer bestimmten Zeit des Jahres? Wenn ja, wohin? Haben Sie Rituale wie Frühjahrsputz, Sommerpause, Herbstspaziergänge oder Winterschlaf? Was für ein Typ Mensch sind Sie? Blühen Sie im quirligen Sommer auf oder geht es Ihnen am besten, wenn Sie in der Winterzeit ganz zurückgezogen sein dürfen? Die Jahreszeiten lassen sich wunderbar als Symbole und Bilder für unsere inneren Zustände verwenden.

Bedenken Sie auch, dass die Jahreszeiten weit über Ihre persönlichen Empfindungen und Ihren eigenen Alltag hinausreichen. Sie beeinflussen das Leben eines jeden Menschen, in jedem Breitengrad. Das Wetter ist ein hochpolitisches Thema: Klimawandel, Tornados, Sturmfluten, Tsunamis, Flucht, Spendenaufrufe. Das Wetter kann aber auch weniger dramatisch zur Sensation und Überraschung werden: Der wärmste Dezember seit Wetteraufzeichnungen, Krokusse sprießen und Menschen laufen im T-Shirt durch die Straßen.

Lassen Sie sich auch von Größen aus unserer Kulturgeschichte inspirieren. Seit jeher haben Künstler, Schriftsteller, Poeten und Musiker die vier Jahreszeiten zum Anlass für kreatives Schaffen genommen. Denken Sie an Vivaldis »Vier Jahreszeiten«. Oder das verspielte, helle Sommerlicht der Impressionisten, etwa Renoirs Seerosen. Verknüpfen Sie damit vielleicht einen Konzertbesuch, eine Museumstour, ein Erlebnis, eine Erinnerung?

Was daraus machen?

Nehmen Sie die Jahreszeiten nicht für selbstverständlich hin, sondern schöpfen Sie aus ihnen. Sie begleiten Sie schon Ihr Leben lang! Sie können entweder in Erinnerungen schwelgen oder sich die Zukunft – den nächsten Frühling – herbeisehnen. Oder Sie beschreiben, was Sie genau in diesem Moment umgibt. Schauen Sie aus dem Fenster oder machen Sie einen Spaziergang, egal bei welchem Wetter: Was sehen Sie? Wie ist Ihre Umwelt beschaffen? Wie ist die Stimmung? Oder schauen Sie in das Weltgeschehen: Welche Nachrichten haben mit dem Wetter zu tun und was genau interessiert Sie daran?

Bezogen auf Ihren Blog

Yoga-Blogger: Als Yogalehrerin könnten Sie wie in unserem Beispiel auf Seite 103 darüber schreiben, wieso gerade im Frühling Menschen »entgiften« wollen. »Detox«-Workshops und Fastenkuren boomen zu der Zeit. Sie könnten recherchieren, was es für Meinungen dazu gibt, und den Trend kritisch hinterfragen. Oder Sie könnten über das Phänomen schreiben, dass sich Menschen oft beschweren. Haben wir Winter, schimpfen wir über die Kälte. Ist Sommer, beklagen wir uns über die Hitze. Scheinbar wollen wir immer das, was wir gerade nicht haben. Oder ist es nur unsere Unfähigkeit, im Augenblick zu leben? Sie könnten über Präsenz, Genuss und Akzeptanz in Yogapraxis und Philosophie schreiben.

Food-Blogger: Im Winter könnten Sie über selbst gebraute Kräutertees berichten. Wenn es draußen den halben Tag dunkel ist, dann wollen wir uns von innen wärmen. Die kalte Jahreszeit aussitzen und Tee trinken! In Zeiten von »Clean Label« geht der Trend weg von aromatisierten Tees hin zu naturreinen Sorten. Statt Aroma sorgen heimische Kräuter für Geschmack. Haben Sie schon einmal ausprobiert, wie Orangenminze mit einem Hauch Mate-Tee schmeckt? Lecker, und zudem macht es wach und wohlig. Die Auswahl jenseits von Fenchel-Anis-Kümmel dürfte manchen überraschen.

Gesundheits-Blogger: Im Herbst und Winter: Was tun bei Winterdepression? Wenn die Tage kürzer und dunkler werden, verfallen manche Menschen in eine Winterdepression: Sie sind antriebslos und niedergeschlagen, könnten den ganzen Tag schlafen und wälzen sich nachts ruhelos im Bett. Oft kommt Heißhunger auf Süßes dazu. Im Herbst beginnend, ist die Winterdepression eine saisonale Depression. Finden Sie heraus, was eine ungewöhnliche Methode ist, dagegen anzugehen, und berichten Sie darüber. Im Frühling und Sommer: Was für ein Hauttyp sind Sie? Der keltisch-rötlich-blonde Typ mit heller Haut oder der mediterran gebräunte mit dunklerem Teint? Wie lange sich jeder guten Gewissens in der Sonne rekeln darf, hängt in erster Linie von der sogenannten Eigenschutzzeit der Haut ab. Und die ist wieder vom Hauttyp abhängig. Raten Sie den verschiedenen Hauttypen zu passenden Sonnencremes.

Mode-Blogger: Gibt es einen neuen Trend bei Wintermänteln? Und wie gehen Sie damit um? Ein Wintermantel ist mittlerweile fast eine Investition. Denn will frau Qualität kaufen, dann lohnt es, sich darüber Gedanken zu machen: Welcher Mantel passt zu mir? Ob Parka mit Kapuze, Kurzmantel, Trenchcoat, Dufflecoat oder Daunenmantel, die Varianten und Stilformen sind vielfältig. Machen Sie einen Test, um Ihren Leserinnen zu helfen, welcher Wintermanteltyp sie sind.

Film-Blogger: Regisseur Andreas Dresen zeigt uns in seinem Film »Sommer vorm Balkon«, wie das Leben von einem Berliner Balkon aus betrachtet sein kann. Mit präzisem Blick und großer Liebe zu den Figuren hat der Regisseur die Geschichte von zwei Freundinnen verfilmt. Zwischen Himmel und Erde sitzen sie auf dem Balkon und blicken auf das bunte, schwierige Dasein, in dem die richtigen Männer oft die falschen sind. Mit wem plaudern Sie, wenn der Sommer lang und heiß ist? Führen Sie auch so leichte, witzige Dialoge wie im Film? Was ist das Gute an einem Sommer auf dem Balkon?

3.7 Mein Thema in verschiedenen Ländern

Worum geht's?

Jedes Land hat seine Sitten und Bräuche. Zwischen verschiedenen Nationen und Kulturen können Welten liegen. Aber nicht immer und pauschal! Hier geht es nicht um Schubladendenken oder Grenzziehungen. Es geht vielmehr um die feinen Unterschiede und die großen Gemeinsamkeiten von Land zu Land und von Mensch zu Mensch.

Themenspektrum

Ihr Blogthema – sei es Reisen, Food, Lifestyle, IT, Social Media, Design, Garten, Familie, Yoga oder Schreiben – ist für Sie eine Selbstverständlichkeit. Sie können sich darauf verlassen, dass Ihre Leser gewisse Begriffe und Interessen mit Ihnen teilen. Sie sprechen im übertragenen Sinne dieselbe Sprache. Was für Sie normal erscheint, kann allerdings in einem anderen Land oder Kontinent ganz anders aussehen und das ist höchst spannend! Ein Blick über den eigenen Tellerrand lohnt sich immer – und Sie können Ihre Blogthemen auf diesem Wege wunderbar variieren.

Was daraus machen?

Denken Sie an Ihr Blogthema und fragen Sie sich: Würde ich in Land xy leben, was wäre dann anders? Gibt es in dem Land überhaupt ein Interesse für mein Thema? Würde ich den Nerv der Zeit in diesem Land damit treffen oder ist mein Thema dort längst überholt? Oder sind Ihre Themen so international und universell, dass sie überall Menschen ansprechen? Versetzen Sie sich in die Bewohner eines anderen Landes hinein. Wählen Sie am besten eine Nation aus, die Sie gut kennen, dann fällt es leichter. Oder denken Sie an reale Situationen, die Ihnen im Urlaub oder auf Geschäftsreise begegnet sind. Erinnern Sie sich an Aha-Momente, Missverständnisse oder Klischees. Sammeln Sie alle Ideen, die Ihnen bei diesem Perspektivwechsel in den Kopf kommen, und nutzen Sie die Anregungen als Inspirationsquelle für Ihren Blogtext.

Bezogen auf Ihren Blog

Yoga-Blogger: Als Yogalehrerin könnten Sie einen Blick gen Osten zu den Ursprüngen des Yoga werfen. Denken Sie an Indien und wie dort die aktuelle Yogaszene beschaffen ist. Sie könnten darüber berichten, wie absurd Sie es bei Ihrer ersten Indienreise fanden, dass Sie hauptsächlich westliche Yoga-Angebote gefunden haben. Traditionelles Yoga zu entdecken, war hingegen eine echte Herausforderung. Denn nicht jeder Inder übt von klein auf Yoga und Meditation! Sie könnten auch einen Blick in die andere Himmelsrichtung werfen und die Kommerzialisierung von Yoga in den USA beleuchten. In der westlichen Welt droht Yoga, zunehmend auf Lifestyle und Leistungssport reduziert zu werden. Oder Sie recherchieren nach einem Land, in dem Yoga kaum verbreitet ist, und fragen sich, woran das liegen mag.

Food-Blogger: Denken Sie an das Herkunftsland eines speziellen Gewürzes, etwa Kurkuma, das gerade in aller Munde ist. Woher stammt es und wie gesund ist das Gewürz wirklich? Wer Gelbwurz isst, bekommt weder Krebs noch Alzheimer? Und bleibt von Arthritis verschont? Fragen Sie sich in Ihrem Blogartikel, ob an solchen Aussagen etwas dran ist und gegen welche Beschwerden Kurkuma tatsächlich hilft.

Garten-Blogger: Wählen Sie zum Beispiel das Thema »Seltene und exotische Pflanzenarten bei uns zu Hause!« Haben Sie schon einmal winterharte Bananen angebaut? Oder orange, nach Ananas schmeckende Tomaten gegessen? Oder wussten Sie, dass Inkagurken gegen zu hohe Blutfette helfen und Salzkraut einen leichten Meersalzgeschmack hat? Schwarze Tomaten, rosa Bananen als Zierpflanzen – bei uns in Deutschland gedeiht mehr, als der Hobbygärtner zunächst denken mag.

IT-Blogger: Vergleichen Sie die neuesten internationalen Innovationen. Auf dem Weg zu einer leistungseffizienten Verwaltung hinkt Deutschland im internationalen Vergleich noch hinterher. Globalisierung und Digitalisierung verändern auch die Anforderungen an die

IT im öffentlichen Sektor. Der Einsatz innovativer Cloud-, Collaboration- und Netzlösungen bietet hier völlig neue Chancen. Höchste Zeit, aufzuholen.

Social-Media-Blogger: Ein spannendes Thema ist die Pressefreiheit in Europa und Zentralasien. Ist die journalistische Unabhängigkeit auch in Europa in Gefahr? Wie wägen wir ab, wenn im Namen der Sicherheit des Landes die Pressefreiheit eingeschränkt wird? Im vergangenen Jahr hat sich die Erosion der europäischen Vorreiterrolle bei der Pressefreiheit fortgesetzt. Gesetze gegen Terrorismus und Spionage mussten zur Einschränkung von Freiheitsrechten herhalten.

3.8 Farben, Gerüche und Laute

Worum geht's?

Egal, wo Sie sich befinden, ob draußen oder drinnen, Gerüche, Laute und Farben sind immer anwesend. Je nach Ort, Jahreszeit und Lichtverhältnissen begegnen Ihnen knallige, pastellfarbene, grelle, warme oder kalte Farbtöne. Auch Gerüche und Laute schwirren immer um Sie herum, wenn Sie einmal darauf achten. Im Restaurant riechen Sie verschiedene Speisen. Auf der Straße duftet die Luft nach Frühling. Oder Sie hören von Ihrem Zimmer aus Autos vorbeirauschen.

Themenspektrum

Unsere Sinne sind hochsensibel und komplex. Faszinierend ist auch, dass mit der Sinneswahrnehmung unsere Erinnerung verknüpft ist. Gerüche oder Laute wie Musik können uns urplötzlich in unsere Vergangenheit zurückversetzen. Derartige Reize lassen unvermittelt Situationen wieder aufleben. Interessant ist auch, dass unsere Sinneswahrnehmung höchst subjektiv und unterschiedlich ist. Manche Menschen riechen etwas, das Sie gar nicht bemerken. Oder Sie sehen in Türkis einen Grünstich, den andere abstreiten würden. Ihre Lieblingsfarbe ist Lila, was andere gar nicht verstehen können?

An Farben, Gerüchen und Lauten lassen sich wunderbar verschiedene Länder und Kulturen ausmachen. Denken Sie nur an die Farbenfülle eines indischen Gewürzmarktes. Oder im Kontrast dazu an eine graue Nebellandschaft in Schottland. An den Rhythmus der spanischen Sprache. Oder an die frische, salzige Meeresluft der Nordsee.

Was daraus machen?

Erinnern Sie sich noch an das Kinderspiel »Ich sehe was, was du nicht siehst und es ist ... grün«? Schlagen Sie die Augen auf und gucken Sie um sich. Was sehen Sie? Riechen Sie etwas? Was hören Sie für Geräusche? Lassen Sie Erinnerungen und Assoziationen auftauchen. Das können Begegnungen aus Ihrem Leben sein oder vielleicht finden Sie

Anregungen für eine wissenschaftliche Abhandlung über die Farbe Grün und Sie landen bei einem Blogtext über die Fotosynthese. Dem Themenspektrum sind keine Grenzen gesetzt. Vielleicht finden Sie das Ganze auch völlig schwammig und unpassend für Ihr Blogthema und Sie fühlen sich animiert, über das Gegenteil zu schreiben: klares Schwarz und Weiß. Oder über die Vorzüge von Zahlen, Objektivität und Berechenbarkeit.

Bezogen auf Ihren Blog

Buch-Blogger: Überlegen Sie sich, welche Bücher sich mit Farben, Gerüchen und Lauten beschäftigen, etwa Bücher zum Thema »Synästhesie«. So wird die verknüpfte Empfindung von Farben, Klängen, Düften und Geschmack genannt. In John Harrisons Buch »Wenn Töne Farben haben« erfahren wir zum Beispiel, dass dies nicht nur für Naturwissenschaftler, sondern auch für Künstler ein großes Thema war und ist. So sinnierten etwa die beiden russischen Komponisten Rimski-Korsakow und Skrjabin gemeinsam über die Farben von Tonarten. D-Dur klinge etwa nach einem goldenen Gelb. Berichten Sie darüber.

Yoga-Blogger: Sie könnten wie in unserem Beispiel auf Seite 112 die Volkskrankheit Migräne beschreiben, die sich mit Geräusch- und Lichtempfindlichkeit ankündigt und oft in Sehstörungen mündet. Recherchieren Sie Studien zu Migräne und beschreiben Sie, inwiefern Yoga zu einer Linderung der Beschwerden beitragen kann.

Reise-Blogger: Ordnen Sie besuchten Ländern Farben zu und erzählen Sie Ihre Geschichte dazu, etwa so: »Bei einem Inselurlaub denke ich an extreme Farben: grüne Palmen, weißer Strand und blaues Meer. Im Sommer war ich zum ersten Mal mit meiner Freundin Andrea auf Menorca, der kleinen Schwester Mallorcas. Andrea ist Stylistin und sie zeigte mir schon vor der Abfahrt, welcher Nagellack am besten zum zu erwartenden lockeren Strandfeeling passt – in knalligem Magenta, Pink und Grün.«

Food-Blogger: Bringen Sie Essen mit verschiedenen Farben in Verbindung, zum Beispiel unter dem Titel »Thailand: Essen nach Farben«. »Aroy« ist eines der wichtigsten thailändischen Wörter, es bedeutet »lecker«. Und lecker ist wirklich fast alles, was in Thailand auf den Tisch kommt. Reis ist das Grundnahrungsmittel in Thailand und die Einflüsse aus China, Indien und Europa geben den Gerichten Farbe und Würze. Klassiker sind grünes Curry (scharf), rotes Curry (mittelscharf) und gelbes Curry (mild).

Marketing-Blogger: Schreiben Sie zum Beispiel darüber, welche Blogfarben auf welche Weise wirken und wie Ihre Leser die richtige Farbe für ihre Website finden. Farben erzeugen Stimmungen und sie sollten zum jeweiligen Thema passen. Wer für ein Unternehmen tätig ist, bekommt diese Farben wahrscheinlich vorgegeben oder weiß durch das Logo und Corporate Design, welche Farben verwendet werden sollen. Aber wie? Mit bestimmten Systemen können so gut wie alle Bereiche einer Webseite farblich angepasst werden. Worauf muss dabei geachtet werden?

DIY-Blogger: Farben, Gerüche und Laute spielen bei Kinderspielzeug eine große Rolle. Als »Do-it-yourself«-Blogger könnten Sie über nachhaltiges Spielzeug schreiben. Ein wichtiges Thema, denn Holzspielzeug stirbt langsam aus. Spielzeug ist heutzutage oft aus Kunststoff. Leicht, günstig und leider auch schnell wieder kaputt. Zum Reparieren taugt der Werkstoff Plastik nicht wirklich und Eltern kaufen schnell nach – ist ja nicht teuer! So wird unnötige Produktion angekurbelt. Es entsteht unnötiger Müll, den Eltern vermeiden können, wenn sie sich die Alternativen anschauen.

Psychologie-Blogger: Fragen Sie sich: Was ist mein Lieblingsgeruch und warum? Haben Sie sich schon einmal Gedanken darüber gemacht, was Ihr Lieblingsgeruch aus der Kindheit ist? Sie könnten es zum Beispiel so angehen: »Mir ist neulich aufgefallen, dass ich den Geruch des warmen Apfelkuchens meiner Großmutter hoch favorisiere. Für mich bedeutet dieser Geruch, dass ich zu Hause bin. Psychologen sagen, dass ...«

Design-Blogger: Verfassen Sie zum Beispiel einen Artikel darüber, was das Besondere am Apple-Design ist. Was ist das Geheimnis hinter Apples Design-Innovationen? Anscheinend sind es nicht nur herausragende Mitarbeiter, sondern eher die Organisation in der Firma. Jeder Mitarbeiter trägt auch zur Gestaltung des Produkts bei, selbst wenn er in einem anderen Bereich arbeitet. Die Aufgabe ist also nicht nur Designern überlassen. So hat Apple nur ein kleines Designteam. Das rührt aber auch daher, dass früher die meisten Ideen von Steve Jobs ausgingen.

IT-Blogger: Es klingt absurd, könnte aber schon bald wahr werden. Blumen werden übers Internet riechen. Berichten Sie Ihren Lesern über die kuriose Idee. Ein neuer Trend ist, dass Webseiten Duftnoten liefern sollen. So kann der Verbraucher Blumen im Internet anhand ihres Duftes auswählen und bestellen. Verschiedene Unternehmen in den USA wollen Internet-Nutzern künftig neben Bildern und Klängen zu jeder Webseite auch die passende Duftnote liefern. Sie hoffen, so die Kauflust der Websurfer anzuregen. Wissenschaftliche Studien hatten in der Vergangenheit gezeigt, dass Gerüche stärkere Gefühle wecken als Bilder oder Geräusche.

3.9 Innere Aussagen und Gefühle – Kleine Momente im Alltag mit Bedeutung

Worum geht's?

Alltag bedeutet Routine. Aufstehen, Duschen, Kaffeetrinken, ab auf die Yoga-Matte, frühstücken, los in die Bürogemeinschaft, Mittagessen, ein Meeting, Abendessen, Zu-Bett-Gehen – wie auch immer Ihr Tag strukturiert sein mag. So ist das für uns Normalos. Sie aber führen einen Reiseblog und sind die Hälfte des Jahres im Ausland unterwegs? Dann besteht Ihr Alltag vielleicht aus Ungewissheit und ständig neuen Begegnungen.

Themenspektrum

Unser Alltag kann unbedeutend vor sich hinplätschern: Tag für Tag dasselbe Prozedere. Morgens frühstücken, abends abendessen? Wir können den Ablauf unseres Tages aber auch mit offenen Augen betrachten und den Fokus auf die kleinen Augenblicke richten, die uns den Tag retten, versüßen oder auch verderben. Schauen wir genau hin, passiert unendlich viel. Und mehr noch: In uns selbst passiert unglaublich viel. Wir nehmen die Welt um uns herum subjektiv und höchst individuell wahr – mit den eigenen Augen. In Wirklichkeit gleicht kein Tag dem anderen; es hängt davon ab, je nachdem, wie es uns innerlich geht.

Was daraus machen?

Was haben Sie heute erfahren, gefühlt, gedacht und gelernt? Gab es einen Moment, der Ihnen besonders aufgefallen ist? Denken Sie ein paar Tage oder Wochen zurück. Erinnern Sie sich noch an kleine Geistesblitze oder intensive Gefühle? Vielleicht aufgrund eines Gespräches, eines Erlebnisses oder eines Zufalls. Es geht um Ihre innere Wahrnehmung und Erkenntnis. Ob sie von einem dramatischen oder langweiligen Ereignis ausgelöst wurde, spielt keine Rolle. In Ihnen steckt ein Pool an Weisheit! Denken Sie alltägliche Momente groß. Erlauben Sie sich, zu philosophieren! Schreiben Sie alles, was Ihnen im Alltag auffällt, in Ihr Blog-Logbuch. Ob Sie es später für Ihren Blogtext nutzen oder nicht, es wird Sie inspirieren.

Es gibt viele Möglichkeiten, Ihre alltäglichen Erfahrungen in einen Blogartikel zu verwandeln. Beschreiben Sie zum Beispiel »Ihre ganz persönliche Woche«. Interne Einblicke interessieren immer. Wer einen ungewöhnlichen Beruf hat und sein Arbeitsspektrum vorstellen möchte, ist gut beraten, mal eine möglichst vielfältige Woche zu beschreiben. Eine Ergotherapeutin zum Beispiel kann so ihren Lesern eine Vorstellung davon geben, welche mehr oder weniger schwierigen Fälle sie hat. Anonymisiert kann sie darstellen, wie die Ergotherapie dabei hilft.

Ein anderes Format, das wunderbar funktioniert, ist der »Gegenteiltag«. Haben Sie schon einmal Ihren idealen Tag beschrieben? Das müssen Sie, um dann den Gegenteil-Tag zu konzipieren! Wie wäre das, wenn Sie einmal alles anders machen würden? Statt lange im Bett zu liegen, früh aufstehen und durch die Straßen oder den Park wandern? Beim Gegenteil-Tag regen wir unsere Wahrnehmung an, weil alles neu und ungewohnt ist – ein wunderbares Erlebnis, um darüber zu berichten. Hier können Sie auch einmal komödiantisch werden, denn der Leser weiß, dass Sie an diesem Tag in einer Ausnahmesituation sind!

Bezogen auf Ihren Blog

Unternehmens-Blogger: Beschreiben Sie den Alltag Ihrer Kollegen. »Human Interest« bedeutet, dass Menschen auf das Leben anderer Menschen neugierig sind. Beschreiben Sie, was die Kollegen in anderen Funktionen so machen, wie ihr Alltag aussieht, mit welchen Problemen und welchen Highlights sie zu tun haben. Es wird das Unternehmen transparenter machen und auch das Verständnis der Kollegen füreinander steigern.

3.10 Zitate und Sprüche

Worum geht's?

»Wir schreiben nicht mit der Hand, sondern mit unserer ganzen Person. Der Nerv, der den Stift übers Papier führt, windet sich durch unseren ganzen Körper, er verläuft durch das Herz genauso wie durch die Leber.« (Virginia Woolf)

Themenspektrum

Ein Zitat ist immer ein guter Beginn für einen Blogtext. Unvermittelt weckt es Interesse und Assoziationen, löst Neugierde aus und gibt ein Stück Weisheit weiter. Es gibt Sprüche wie Sand am Meer. Lange oder kurze Zeilen, poetisch oder sachlich. Geschrieben von den unterschiedlichsten Menschen, Berühmtheiten oder Unbekannten, über alle Bereiche des Lebens.

Was daraus machen?

Wählen Sie nur Zitate aus, die wirklich etwas in Ihnen auslösen. So bleiben Sie authentisch und kopieren nicht nur. Sie können einen Spruch wunderbar als Aufhänger nutzen. Oftmals reicht es schon, wenn nur ein kleiner Aspekt des Zitierten zu Ihrem Thema passt, und schon kommen Sie leichter ins Schreiben. Oder nutzen Sie ein Zitat als Beleg für einen Gedanken, den Sie schon immer ausformulieren wollten. Gewöhnen Sie sich an, alle Zitate zu sammeln, die Ihnen mit der Zeit begegnen. Legen Sie eine Sammlung in Ihrem Blog-Logbuch an, auf die Sie jederzeit zurückgreifen können, wie zum Beispiel jetzt! Sie müssen die Zitate nicht ausschließlich gut finden. Es können auch Aussagen sein, die Sie widerlegen wollen.

Wenn Sie berühmte Zitate mal zueinander in Bezug setzen, die sich widersprechen, dann können Sie Ihre eigene Philosophie daran abarbeiten. Winston Churchill wird zugeschrieben, gesagt zu haben: »Lache nie über die Dummheit der anderen. Sie ist deine Chance.«

Was bedeutet das in Ihrem Bereich? Gibt es ein Zitat, das das Gegenteil behauptet? Oder einen anderen Aspekt der Dummheit beleuchtet? Recherchieren Sie! Zum Beispiel bei http://zitate.net/ oder googeln Sie »Zitat + Blogthema«.

Bezogen auf Ihren Blog

Als Schreibcoach könnten Sie zum Beispiel das Zitat von Virginia Woolf dafür nutzen, um über Schreiben mit Herz und Verstand zu berichten. Als Yogalehrerin könnten Sie ein Zitat als Aufhänger für Ihren Blogtext nutzen, um davon ausgehend Ihre eigenen Erkenntnisse zu schildern, wie in unserem Beispiel auf Seite 109.

3.11 Aufgeschnappt unterwegs

Worum geht's?

Unterwegs sein, in der Stadt, ganz bei sich und trotzdem mit dem Ohr bei den Menschen drum herum: Dialoge aufschnappen, Sätze oder Ideen klauen, mitnehmen zur Inspiration. Das passiert, wenn Sie achtsam durch die Welt gehen und überall Themen für den eigenen Blog wittern.

Themenspektrum

Wenn Sie unterwegs sind, werden Ihnen Menschen begegnen, die im Dialog sind. Immer gibt es Situationen, wo Sie beabsichtigt oder unbeabsichtigt Gesprächsfetzen mitbekommen. Halbe Sätze, die Sie neugierig machen. Ganze Konversationen, aus denen Sie schließen, welcher Typ Mann oder Frau sich dahinter verbirgt. Gibt es etwas Spannenderes, als zu raten, wer sich hinter welchem Satz verbirgt?

Was daraus machen?

Hören Sie darauf, was Sie interessiert. Und setzen Sie sich in Bezug dazu. Stimmen Sie der Aussage zu, die Sie hier auf dem Marktplatz im Café gehört haben? Oder regt sich Widerspruch? Es muss gar keine politische Aussage sein, aber selbst bei unfreiwillig einseitig mitgehörten Telefonaten in der U-Bahn denken wir die Antwort mit.

Bezogen auf Ihren Blog

Buch-Blogger: Stellen wir uns vor, dass Sie wie in unserem Beispiel auf Seite 121 mitgehört haben, dass die beiden Frauen unter sich zugegeben haben: »Das, was im Feuilleton über ein Buch geschrieben wird oder Dennis Scheck erzählt, ist mir schnurz. Ich vertraue meiner Freundin Isabella. Wenn sie mir ein Buch empfiehlt, dann kaufe ich es.« In Ihrem Blog könnten Sie nun einen Beitrag schreiben darüber, wie Leser zu einem Lieblingsbuch kommen. Nach welchen Kriterien sie es auswählen. Wem sie vertrauen. Sie könnten nach Untersuchungen recherchieren, die darüber Auskunft geben, wie Menschen Bücher auswählen. Sie könnten eine Kurzumfrage unter Ihren Freunden machen, wie die das halten. Oder einen Beitrag darüber schreiben, wie wichtig persönliche Empfehlungen in einer komplexer werdenden Welt werden.

Reise-Blogger: Wenn Sie einen Reiseblog führen, dann wird Sie interessieren, was zwei Reiseveranstalter sich über die neuesten Trends zu sagen haben, wenn sie auf der ITB, der größten Tourismusbörse, nebeneinander durch die Messegänge gehen.

Unternehmens-Blogger: Wenn Sie für ein Unternehmen bloggen und auf einer Konferenz Ihrer Konkurrenz inkognito begegnen können, dann wird es erst recht spannend. Ach, wie gut, dass niemand weiß ...

3.12 Vergangenheit: Ein Moment, der Ihr Leben verändert hat

Worum geht's?

Beim Bloggen greifen wir oft auf, was uns durch den Kopf geht. Wenn das Hier und Jetzt mal ausgeschöpft ist, liegt es nahe, einen Blick in die Vergangenheit zu werfen. Die Vergangenheit ist faktisch abgeschlossen, aber sie klingt in uns nach. Unser jetziges Verhalten wird oft von alten Erlebnissen und Erfahrungen aus unserer Vergangenheit beeinflusst. Aufgrund dessen, was wir erlebt haben, entwickeln wir Stärken, Wissen, ein besonderes Können und unsere eigene Meinung. Aber auch Schutzmechanismen, Ängste und Vorurteile rühren aus der zurückliegenden Zeit.

Themenspektrum

Was liegt alles in der Vergangenheit? Viele Jahrzehnte! Kindheit, Erziehung und Familie. Schulbildung, Ausbildungsstätten und Universitätsabschlüsse. Reisen und Urlaube. Beste Freundschaften und Beziehungspartner. Hochzeiten oder Scheidungen. Jobs, Bewerbungen oder Kündigungen. Erfolge und Misserfolge. Umbrüche und Neuanfänge. Geburten und Tod. Schwierige und unbeschwerte Zeiten.

Was daraus machen?

Ihr Gedächtnis ist eine Schatztruhe. Erinnern Sie sich an Momente, die Ihr Leben verändert haben. Was ist Ihnen passiert, das im Nachhinein betrachtet alles auf den Kopf gestellt hat? Das können dramatische, traurige, überglückliche, zufällige oder lustige Augenblicke gewesen sein. Versuchen Sie, sich so genau wie möglich zu erinnern. Lassen Sie die Situation bildlich aufleben. Vielleicht finden Sie alte Fotos von den Menschen und Orten, die involviert waren – oder von sich selbst zu der Zeit. Malen Sie sich Farben und Gerüche dazu aus. Der Duft des Apfelkuchens Ihrer Großmutter? Die Farbe des Goldregens im Frühjahr? Wenn es Lücken in Ihrer Erinnerung gibt, scheuen Sie sich nicht davor,

Sie mit ihrer Fantasie zu füllen. Beschreiben Sie in Ihrem Blogtext diese Szenerie und weben Sie daraus eine bewegende Geschichte mit Pointen und Anekdoten.

Schlagen Sie dabei Brücken zur politischen und gesellschaftlichen Lage der Zeit, um die es geht. Welche Partei hat regiert? Welche Demos waren in den Schlagzeilen? Welche Erziehungsmethoden waren gerade im Trend? Welchen Computer gab es zu der Zeit? Gab es vielleicht noch Disketten und Kassettenrekorder? Welche Lieder waren in den Charts? Welche Popstars waren angesagt? Durch diese Verlinkung stellen Sie Ihr Leben oder den Moment in einen größeren Kontext. Menschen Ihrer Generation werden sich besonders angesprochen fühlen, da sie sich an Ähnliches erinnern werden. Und Menschen anderer Generationen werden überrascht sein.

Fertigen Sie einen Themenkalender an. Sie können mit den Tagen, die das Leben veränderten, eine ganze Serie aufziehen, wenn Sie Freunde und Kollegen befragen oder in einer Runde aufschreiben lassen – jeder hat dazu etwas zu erzählen! Vielleicht bitten Sie Ihre Freunde erst einmal, die lebensverändernden Tage zu sammeln; dann wählt der Sitz-Nachbar auf der linken Seite den Tag aus, der ihn am meisten interessiert, und dann wird dazu geschrieben. Ein Schreibspiel, das es in sich hat!

Eine Variante könnte sein, dass Sie »Ich erinnere mich gern« als Satzanfang reichen und Ihre Kollegen in fünf Sätzen mit allen Sinnen beschreiben lassen, an welche Szenen sie sich gerne erinnern aus ihrer Kindheit – da kommt bestimmt auch der ein oder andere lebensverändernde Tag ins Bewusstsein!

Ein Moment, der Ihr Leben verändert hat, war mit Sicherheit der Start Ihres Blogs! Schreiben Sie darüber: Wie kamen Sie zum Bloggen? Achtung, damit sollten Sie sich Mühe geben: Denn damit erzählen Sie Ihre Signature Story, die Geschichte, die Sie ausmacht und die Ihren Lesern den Grund liefert, warum sie Ihrem Blog folgen sollten. Lassen Sie sich Zeit dafür. Mehr zum Thema Signature Story finden Sie in »Erfolgreiche PR- und Unternehmenstexte« aus dem mitp-Verlag.

Bezogen auf Ihren Blog

Unternehmens-Blogger: Wenn Ihre ehemalige Firma Jubiläum hat, Sie aber bei dieser Firma gekündigt haben, dann können Sie nett sein und das ehemalige Unternehmen würdigen – denn schließlich haben Sie es auch der Erfahrung dort zu verdanken, dass Sie heute im neuen Unternehmen so erfolgreich sind! Spannend dabei: An welchem Tag haben Sie sich entschieden, das alte Unternehmen zu verlassen?

3.13 Zukunft. Voraussagen, Visionen und Trends

Worum geht's?

Unsere Gegenwart wird immer von der Vergangenheit und der Zukunft beeinflusst. Träume, Wünsche und Aussichten geben unserem Tun Antrieb und unserem Handeln eine Richtung. Unsere nach vorn gerichtete Gesellschaft lebt davon, sich Szenarien auszumalen, Prognosen aufzustellen und Innovationen vorauszusagen. Trendforschung ist in aller Munde. Unzählige Institute und Websites drehen sich um die nahe und ferne Zukunft.

Themenspektrum

Entscheidend ist, besonders frühzeitig und als Erster einen Trend aufzuspüren, der sich dann auch noch bewahrheitet. Daraus lassen sich Intuition und Kompetenz ablesen, aber auch Profit schlagen. IT- und Automobil-Produkte werden auf diese Weise entworfen und vermarktet. Das nächste Smartphone und Elektroautos werden angekündigt. Zukunftsweisende Robotermodelle werden auf der Cebit-Messe vorgestellt. In der Modewelt werden Trendfarben für das kommende Frühjahr ermittelt. Wahlkämpfe basieren auf Prognosen. Die Medizin macht Hoffnung auf neue Methoden bei der Bekämpfung von Krebs. Und nicht zu vergessen seien Wettervorhersagen, Weltuntergangsprophezeiungen oder Horoskope.

Was daraus machen?

Recherchieren Sie zu Ihrem Blogthema nach den neusten Trends. Oder erlauben Sie sich selbst eine Einschätzung über die zukünftige Entwicklung in Ihrer Szene. Sie können auch humorvoll, ironisch oder kritisch ein Szenarium in der Zukunft ausmalen. Machen Sie das ganze drei Mal: Denken Sie fünf Jahre voraus, dann 50 Jahre, dann 200 Jahre! Eine andere Möglichkeit ist: Stellen Sie sich Ihr persönliches Leben in fünf Jahren vor. Wie wird es Ihnen gehen? Wo werden Sie leben? Worauf freuen Sie sich? Wovor haben Sie Angst? Wie wird Ihr Alltag aussehen und die Welt um Sie herum beschaffen sein? Dieses Thema sollten Sie erst einmal intern in Ihrem Blog-Logbuch mit sich selbst besprechen, bevor Sie überlegen, was davon Sie an die Öffentlichkeit geben. Eine sehr strategische Entscheidung, was Sie offenlegen und was nicht.

Bezogen auf Ihren Blog

IT-Blogger: Versuchen Sie es zu Beginn Ihres Blogartikels zum Thema Trends mal mit einer Analogie, wie sie dieser Blogger mit Dinosauriern für uns gestaltet hat: »Aussterben. Das klingt so nach Dinos. Und das ist irgendwie traurig. Aber hier geht es nicht um bedrohte Tiere – und deshalb ist es auch gar nicht schlimm. Denn es bedeutet auch, dass Platz für Neues entsteht. Das Leben verändert sich ständig – und die folgenden Dinge müssen deshalb (vermutlich) in spätestens fünf Jahren dran glauben.«

Politik-Blogger: Spinnen Sie eine aktuelle Nachricht weiter. Veränderung: Wird die EU bald nicht mehr existieren? Was könnte das bedeuten? Bürgerkrieg in Europa? Ein weiterer Rechtsruck? Spekulieren und begründen Sie.

Buch-Blogger: Von welchem Lieblingsautor wünschen Sie sich ein neues Buch? Eine ziemlich persönliche Sache, welche Bücher man liest. Was wollen Sie zugeben? Dass Sie Krimi-Fan sind – je blutiger, desto besser? Oder dass eine Romanserie mit einem Polizisten Bruno als Protagonisten Ihnen so gut gefällt, dass Sie alle Bände des Autors haben? Was Sie aber nicht davon abhält, bei der ein oder anderen Szene schnell einzuschlafen, weil sie den Sprechrhythmus des Autors und seine Ausführlichkeit in historischem Hintergrund schon so verinnerlicht haben und das Buch deshalb das beste Schlafmittel ist und Sie gerne aus diesem Grund ein neues Buch von ihm hätten? Oder dass Sie den Liebesroman .... Sie merken – Themen ohne Ende!

3.14 Ein Hilferuf

Worum geht's?

Als Blogger müssen wir nicht immer eine schlaue Antwort parat haben. Wir können nicht alles wissen und ständig nur gute Ratschläge geben – das wäre doch auf Dauer langweilig! Authentisch zeigen Sie sich, wenn Sie auch mal Schwäche offenbaren.

Themenspektrum

Sie stecken in einem persönlichen oder fachlichen Dilemma? Sie haben ein Problem, aber finden einfach keine Lösung? Oder Sie sind so empört über eine Neuigkeit, von der Sie erfahren haben, dass Sie Ihren Unmut nicht zurückhalten können? Schreiben Sie einen verzweifelten Hilferuf!

Was daraus machen?

Geben Sie zu, dass Sie in einem Dilemma stecken. Bitten Sie Ihre Leser um Kommentare. Stellen Sie am Ende Ihres Blogtextes mindestens eine konkrete Frage, sodass Reaktionen folgen können. Ihre Leser werden es Ihnen danken, sich einmischen zu dürfen, und werden sich wertgeschätzt fühlen, da Sie um ihre Meinung bitten. Vergessen Sie nicht, auf die Kommentare zu antworten. Diskutieren Sie mit und recherchieren Sie weiter, wenn Ihnen wertvolle Informationen zugeflogen kommen. Verfassen Sie einen neuen Blogtext und präsentieren Sie Ihre neu gewonnenen Erkenntnisse. Danken Sie am Ende Ihren Lesern für ihr Engagement!

Bezogen auf Ihren Blog

Kennen Sie solche Zwiespalte? Sie sind Beauty-Bloggerin und Ihnen macht das viele Plastik in der Welt Sorgen, aber selbst Ihre heilige Biokosmetik ist in Plastik gehüllt? Sie sind Familien-Bloggerin, haben gerade ein Kind bekommen und leiden unter akutem Schlafmangel, sodass Sie kaum zum Schreiben kommen? Sie sind Yogalehrerin und haben es satt, immer das strahlende Vorbild zu sein? Oder Sie sind Schreibcoach und wollen einfach mal Blödsinn schreiben?

3.15 Top-10-Listen. Ratschläge, Anleitungen und Empfehlungen

Worum geht's?

Erinnern Sie sich noch mal an unsere Feststellung zu Beginn dieses Kapitels: Ein Blogbeitrag sollte nützlich und/oder unterhaltsam sein. Top-10-Listen – oder nehmen Sie jede andere beliebige Zahl – sind ein wirksames Mittel, um Ihren Lesern praktische Tipps ans Herz zu legen. Zum Beispiel: »Fünf Lebensmittel, die Sie in der Schwangerschaft vermeiden sollten«, »Zehn Eigenschaften, die einen erfolgreichen Menschen auszeichnen«, »Acht Schritte zur perfekten Bewerbung« oder »Drei Dinge, die Sie vor Ihrer Hochzeit tun sollten«.

Themenspektrum

Mit Top-10-Listen können Sie Wissen und Weisheiten aus Ihrem Bereich herunterbrechen und vermitteln. Eine ebenso gute Variante sind »Best of«-Listen, zum Beispiel »Die zehn besten Yogastudios in Berlin« oder »Die beliebtesten 100 Künstler der Welt«. Den Superlativen sind keine Grenzen gesetzt! Recherchieren Sie auf eigene Faust oder greifen Sie auf Studien zurück und filtern Sie die wichtigsten Punkte heraus. Lieblingslisten sind eine dritte Variante. Stellen Sie Ihre favorisierten Lehrer, Workshops, Messen, Promis, Firmen, Pflanzen, Lebensmittel, Farben etc. vor.

Was daraus machen

Diese Art des aufzählenden Blogbeitrags zeichnet sich besonders durch prägnante und kurze Absätze aus. Jeder Abschnitt beschreibt einen Punkt. Wählen Sie dafür klare und deutliche Zwischenüberschriften aus, die Sie durchnummerieren. Auf diese Weise kann Ihr Leser auf einen Blick alle Schritte erfassen. Ummauern Sie Ihre Liste von Ratschlägen durch eine kurze Einführung ins Thema und ein abschließendes Fazit.

Bezogen auf Ihren Blog

Beauty-Blogger: Schreiben Sie über einen neuen Beautytrend und wechseln Sie doch einmal dabei die Perspektive: Was würde ein Mann dazu sagen, wenn er dazu befragt wird, was als neuester Schönheitstrend gefeiert wird? Oder Ihr Haustier? Ob Sie vom Tenor her freundlich oder bissig mit dem Thema umgehen, liegt ganz bei Ihnen!

Familien-Blogger: Berichten Sie über die zehn besten Reiseziele mit Kindern. Geben Sie Ratschläge. Oh ja. Bitte viele. Aber es sollte für jeden Geldbeutel etwas dabei sein, damit Sie Ihre Zielgruppe erhöhen. Teuer verreisen ist einfach mit Kindern – aber wie stellen Sie es an, als Alleinerziehende den Wunsch Ihrer Tochter nach weißen Sandstränden zu erfüllen, wenn in Ihrem Geldbeutel Flaute herrscht? Die Sandstrände, die einst Papa versprochen hat? Da ist Einfallsreichtum gefragt.

Private-Blogger: Verfassen Sie einen Blogartikel zu der Frage: Ohne welche technischen Geräte können Sie nicht mehr leben? Fertigen Sie eine Liste an. Ja, geben Sie es zu: Ohne Toast am frühen Morgen sind Sie ungenießbar. Und auch der Wasserkocher hat seine Funktion: Brüht er nicht nur allmorgendlich den Tee, sondern muss abends auch die Hot-Water-Bottle füllen, mit der Sie ins Bett gehen. Kleine Geständnisse machen sympathisch, es sei denn, Sie wollen nicht aller Welt erzählen, dass Sie sonst keinen zum Kuscheln haben! Also aufgepasst, dass Ihnen bei diesem harmlos wirkenden Thema keine Entgleisung passiert.

3.16 Fachwörter, Definitionen und How-tos

Worum geht's?

Als Blogger sind Sie der Spezialist auf Ihrem Gebiet. In jeder Branche gibt es Fachwörter, die Sie als Aufhänger für einen Blogtext nutzen können. Damit stellen Sie Ihr Wissen unter Beweis und Ihre Leser lernen enorm viel dazu. Wenn Sie regelmäßig einen solchen Mini-Fachartikel einschieben, entsteht mit der Zeit ein kleines Stichwortverzeichnis, das Ihren Blog bereichert und kompetent erscheinen lässt.

Themenspektrum

Sie haben die Wahl zwischen Grundbegriffen oder spezifischen Fachwörtern. Haben Sie keine Scheu vor Grundbegriffen, es wird Ihre Leser nicht langweiligen. Denn wer kennt nicht diese unangenehmen Momente, in denen man noch nicht mal das einfachste Wort erklären kann? Was ist Yoga? Was verstehen Sie unter Kunst? Das können schwierige Fragen sein!

Was daraus machen?

Denken Sie immer daran, dass Sie als Blogger neue Abonnenten gewinnen wollen. Leser, die aus anderen oder angrenzenden Themenfeldern auf Sie stoßen, werden dankbar für diese Art der Wissensvermittlung sein. Leser werden immer dort hängen bleiben, wo sie fundierte Grundkenntnisse finden und gleichzeitig ins Staunen kommen, was es alles noch zu lernen gibt. Ein einfaches, aber wirkungsvolles Format für die Erklärung von Sachverhalten sind »How-tos«: Blogtexte mit Überschriften »Wie Sie Ihre Kreativität schulen« oder »Wie Sie erfolgreiche Blogtexte schreiben«.

Bezogen auf Ihren Blog

Yoga-Blogger: Wie in unserem Beispiel auf Seite 87 könnten Sie als Yogalehrerin über das einfache Wort »Stille« schreiben und es aus einem besonderen Blickwinkel heraus definieren, etwa aus der

Sichtweise des Musikers, Pianisten und Künstlers John Cage. Sie könnten auch einen »How-to«-Text daraus machen: »Wie Sie in Yogapraxis und Alltag Stille erfahren«.

Technologie-Blogger: Manche mögen es gerne, andere hassen es: das beste Produkt finden, das sowohl den finanziellen Möglichkeiten als auch dem Bedarf entspricht. Machen Sie eine komplexe Welt einfacher, indem Sie Ihr Wissen weitergeben, etwa: »Wie Sie das beste Handymodell für sich entdecken«. Der potenzielle Käufer wird Ihnen danken.

Garten-Blogger: Jeder Hobbygärtner, dem die Balkonpflanze nach dem Umtopfen weggestorben ist, wird sich verdammen dafür, dass er nicht vorab nach »Wie ich richtig umtopfe« recherchiert hat und nun das arme Pflänzchen verdorrt vor einem liegt. Wo man es doch so gut meinte! Diesen Stress können Sie verhindern, indem Sie einen Blogartikel zu diesem grundlegenden Thema mit gut strukturierten Hinweisen online stellen.

3.17 Eine scharfe Kritik

Worum geht's?

Werden Sie für einen Moment zum gnadenlosen Kritiker. Erlauben Sie sich, Kunst-, Literatur-, Gesellschafts- oder Restaurantkritiker zu sein. Leben Sie den bedingungslosen Zensor, Neinsager, ewig ausbremsenden Bedenkenträger oder Hinterfrager und Demonstranten in sich aus! Aber Vorsicht, seien Sie sich bewusst: Mit dieser Art des Blogartikels werden Sie Aufmerksamkeit auf sich ziehen und Diskussionen entfachen.

Themenspektrum

Im Mittelpunkt Ihres scharfen Blicks könnte ein Produkt, ein Gesetz, eine Veranstaltung, eine Person, eine Eigenschaft oder ein Zitat sein. Sie können sich ruhig mal ein vernichtendes Urteil erlauben, aber bleiben Sie konstruktiv. Natürlich sollten Sie nicht nur harte Kritiken schreiben, das wäre zu eintönig und auf Dauer nicht besonders glaubwürdig. Es würde der Eindruck entstehen, Sie seien pauschal gegen alles. (Es sei denn, genau das ist Ihr Blogthema!) Aber ab und zu ist es eine gute Übung. Sie werden dadurch authentisch, klar und entschieden herüberkommen.

Was daraus machen?

Wenn Sie wirklich hinter Ihrer Meinung stehen: Durchdenken Sie Ihre Argumentation mehrfach. Wiegen Sie Für und Wider ab und recherchieren Sie lieber ein bisschen mehr, um sich abzusichern. Ihre Kritik sollte detailliert und begründet sein. Vermeiden Sie Schubladen, Klischees und platte Parolen. Kritisieren können Sie alles, was Ihnen ehrlich gegen den Strich geht, solange Sie reflektiert bleiben.

Lassen Sie raus, was Sie nervt. Ist Ihre Miete schon wieder erhöht worden? Warum geht an manchen Tagen alles schief? Schimpfen können Sie in Ihrem Blog-Logbuch. Wenn es nach dem Müllabladen noch etwas zu sagen geben sollte, dann erst schreiben Sie einen Blogbeitrag.

Der dann aber bitte auch witzig oder sarkastisch oder sonst wie überzogen sein sollte, damit man merkt, dass Sie hier nicht einfach die Logbuchphase umgangen haben und jetzt alle mit Ihrem Schrott nerven, der dem Rest der Welt auch widerfährt, sondern dass Sie einen eigenen Aspekt daran entdeckt haben, der a) tröstet b) wieder gute Laune macht, c) einen Hinweis gibt, wie uns das Problem soooo nicht noch einmal widerfahren wird!

Bezogen auf Ihren Blog

Politik-Blogger: Nehmen Sie eine aktuelle politische Debatte zum Anlass für Ihren Blogtext. Wie ist das mit den Flüchtlingen? Welcher Aspekt wurde noch nicht diskutiert? Wie können Sie mit sinnvollen Argumenten und Ihrem Fachwissen die Diskussion bereichern? Versuchen Sie doch einmal, den Begriff »Flüchtling« in einen anderen zu wandeln: Vertriebene, Heimatsuchende ... allein die Erweiterung des Wortschatzes wird Veränderung bringen. Oder beziehen Sie sich auf eine Aussage einer Person aus Ihrem direkten Bekanntenkreis, der Sie nicht zustimmen. Schreiben Sie ein Manifest! Gegen die Blödheit, gegen den Rechtsruck, gegen gedankenloses Gequatsche. Distanzieren Sie sich und beziehen Sie Stellung – keine weich gespülten Kompromisse, sondern klare Worte ...

3.18 Ein großes Lob

Worum geht's?

Wir sind im Leben häufig allzu hart mit uns selbst und mit anderen. Unsere Gesellschaft fordert von uns immer mehr eine kritische Haltung, Ellenbogen-Mentalität und Konkurrenzdenken heraus. Auch als Blogger müssen wir unsere Kritikfähigkeit unter Beweis stellen und das ist auch gut so. Zu allem »Ja« sagen, wäre schließlich auch keine Lösung und es gibt wahrlich vieles, was nicht in Ordnung ist. Aber es braucht Balance! Vergessen Sie nicht, wie gut reine Begeisterung, Zuspruch und Unterstützung tut. Üben Sie sich immer mal wieder darin und geraten Sie ins Schwärmen!

Themenspektrum

Wenn Ihnen etwas besonders gut gefallen hat oder jemand Sie unerwartet mitgerissen hat, dann nutzen Sie diese Faszination für Ihren nächsten Blogtext. Scheuen Sie sich nicht davor, Kollegen oder gar andere Blogbeiträge bedingungslos für gut zu befinden und Ihre Dankbarkeit zu äußern. Ihre Euphorie wird Ihre Leser anstecken. Auch Ihre Kollegen werden es Ihnen danken. Gleichzeitig pflegen Sie Ihr Netzwerk und bekunden Respekt für die Arbeit anderer.

Was daraus machen?

Bleiben Sie bei allem Überschwung reflektiert. Malen Sie nichts schön, was Sie nicht wirklich als schön empfinden. Es geht auch nicht um Schmeicheleien oder maßlose Übertreibungen. Beschreiben Sie, was Sie erlebt haben, was Sie daran angesprochen hat und aus welchem Grund. Was lernen Sie für sich daraus? Was möchten Sie Ihren Lesern als Fazit mit auf den Weg geben?

Bezogen auf Ihren Blog

Wie gut sich das Kind entwickelt hat! Wie schön der Park in der Nähe doch ist!

Wie toll ist das neue Produkt! Endlich ist der Frühling da! Die Lieblingsband kommt in die Stadt! Diese Beispiele müssen wir nun wirklich nicht weiter ausformulieren – jede/r kann sich vorstellen, wie sich ein begeisterter Artikel dazu liest. Aber Achtung: Bleiben Sie bei der Wahrheit und lassen Sie es nicht klingen, als habe sie jemand dafür bezahlt, dass Sie so schwärmerisch klingen!

3.19 Buchrezensionen

Worum geht's?

Sobald Sie ein neues Buch in den Händen halten, nutzen Sie die Chance und schreiben Sie eine Buchrezension. Naheliegend sind Neuerscheinungen aus Ihrem Fachgebiet. Auch die besten Fachbücher zu Ihrem Blogthema sind in vielen Nischen sehr beliebt. Sie können aber auch über ältere Bücher schreiben, etwa Ihre Lieblingsbücher oder über Klassiker, an die schon lange keiner mehr gedacht hat.

Themenspektrum

Nehmen Sie ein Buch genau unter die Lupe. Fassen Sie den Inhalt für Ihre Leser zusammen, heben Sie die Besonderheiten hervor und kritisieren Sie ruhig die ein oder andere Passage. Nennen Sie den Mehrwert, den das Buch für Sie hat. Was haben Sie gelernt? Wozu hat es Sie inspiriert? Welche Figur liebten Sie am meisten? Wenn Sie Passagen aus dem Buch zitieren, denken Sie an die korrekten Quellenangaben. Auch wenn Sie ein Bild vom Cover einfügen wollen, holen Sie vorher die Rechte beim Verlag ein.

Was daraus machen?

Sie können die Lektüre eines Buches auch dazu verwenden, Geschichten um das Buch herum zu erzählen. Wie sind Sie auf den Autor aufmerksam geworden? Wo haben Sie das Buch gekauft? Wie sind Ihre Vorlieben? Gehen Sie in den guten alten Buchladen oder bestellen Sie lieber online? Sind Sie Verfechter von Printausgaben oder haben Sie sich längst an E-Books gewöhnt? Gab es eine besondere Begebenheit oder eine schicksalhafte Fügung, die mit dem Buch zusammenhängt?

Spinnen Sie Ihre Ansichten und Geschichten!

Verwerten Sie Ihre Buchrezension mehrfach. Hinterlassen Sie eine gekürzte Variante Ihrer Bewertung bei Amazon & Co. Damit tun Sie nicht nur dem Autor einen Gefallen, sondern auch sich selbst. Als Blogger wollen Sie möglichst viele Spuren im Netz hinterlassen und auf vielen Plattformen Kommentare posten!

Bezogen auf Ihren Blog

In jeder Blogger-Branche werden Bücher geschrieben, veröffentlich, gelobt und kritisiert. Stimmen Sie mit ein, aber achten Sie darauf, nicht einfach nur den Inhalt des Buches wiederzugeben, sondern Ihre Meinung oder Ihre Geschichte dahinter hinzuzufügen, damit der Leser einen Mehrwert erfährt, wenn er Ihre Buchrezension liest.

3.20 Im Test. Wettbewerbe und Verlosungen

Worum geht's?

Sie wissen am besten, was Sie in Ihrer Branche benötigen: Das kann alltägliches Arbeitsmaterial sein oder ein besonderer Luxusartikel. Dinge, die Ihnen das Leben leichter machen, oder auch Dienstleistungen, die Sie gerne in Anspruch nehmen.

Themenspektrum

Probieren Sie die neuesten Produkte, Geräte und Modelle aus oder testen Sie die angesagtesten Orte und Events. Wecken Sie Ihren Forschergeist und werden Sie wieder Kind! Betrachten Sie Dinge mit Neugierde und gehen Sie spielerisch an Ihren Text heran. Es wird Ihnen Spaß bringen!

Was daraus machen?

Test-Artikel sind besonders geeignet für Blogs mit integriertem Shop, denn Ihre Leser werden mit Sicherheit beginnen, weitergehend auf Ihrer Seite zu stöbern. Aber vergessen Sie nicht: Es geht nicht allein um den Kommerz! Uns geht es vor allem darum, Sie ins Schreiben zu bringen. Stellen Sie zu Beginn Ihres Blogposts Ihr Testprodukt vor. Berichten Sie bildhaft von Ihren Experimenten und nennen Sie die Kriterien, nach denen Sie es getestet haben. Fragen Sie Ihre Leser am Ende des Blogartikels, ob sie einer Meinung sind oder die Sache ganz anders sehen.

Produkttests sind durchaus interessant für Ihre Leser, wenn Sie sie in Maßen einsetzen. Diese Art des Bloggens sollte allerdings nicht überwiegen! Achten Sie darauf, dass Sie auf Ihrem Blog nicht nur Produkte vorstellen. Das verschreckt Ihre Leser auf Dauer.

Bezogen auf Ihren Blog

Yoga-Blogger: Als Yogalehrerin könnten Sie ausprobieren, welche Yogamatte während einer schweißtreibenden Flowklasse am rutschfestesten ist, und am Ende die beste Marke verlosen. Auf diese Weise beziehen Sie Ihre Leserschaft aktiv mit ein und stellen neue Kontakte zu Firmen her, die Sie im besten Falle auf Ihrer Seite verlinken. Vergessen Sie nicht, Ihre Testreihe fotografisch zu dokumentieren. So haben Sie gleich Bildmaterial für Ihren Blogartikel parat.

3.21 Das eigene Angebot

Worum geht's?

Die meisten Blogger veröffentlichen nicht nur mitreißende Texte, sondern bieten damit zusammenhängend auch etwas an. Seien es weiterführende Fachartikel, Bücher, Workshops, Events, Beratungen, Coachings oder Produkte. Nutzen Sie guten Gewissens Ihre eigene Angebotspalette als Inspirationsquelle für Ihr Schreiben.

Themenspektrum

Steht bei Ihnen eine Veranstaltung an? Suchen Sie noch Teilnehmer für Ihr Seminar? Oder sind Sie kurz davor, Ihr nächstes Buch zu veröffentlichen? Dann erlauben Sie sich, geschickte Eigenwerbung zu machen.

Was daraus machen?

Wählen Sie ein Thema aus, das inhaltlich zu Ihrem aktuellen Angebot passt, und schreiben Sie darüber. Gehen Sie das Thema nicht nur an der Oberfläche an, sondern nehmen Sie sich Zeit für tiefgründige Gedanken. Blogtexte, die einzig und allein Werbung machen, gibt es wie Sand am Meer. Durch einen gut geschriebenen Blogartikel zu Ihrem Angebot wecken Sie die Neugierde und das Interesse Ihrer Leser, es auch wirklich auszuprobieren. Es reicht vollkommen aus, wenn Sie Ihr Angebot erst am Ende verraten. Vergessen Sie nicht, konkrete Angaben zu machen. Nennen Sie die wichtigsten Eckdaten wie Ort, Zeit oder Preis. Stehen Sie zu Ihrer Eigenwerbung und seien Sie Ihren Lesern gegenüber transparent.

Bezogen auf Ihren Blog

Yoga-Blogger: Sie sind Yogalehrerin und wollen Einzelunterricht anbieten? Dann könnten Sie zum Beispiel über die Ursprünge des Yoga-Unterrichts schreiben. In Indien war es üblich, dass Lehrer und Schüler ausschließlich zu zweit übten, sodass auf die spezifischen Bedürfnisse des Lernenden eingegangen werden konnte. Heutzutage wird Yoga vor allem in der Gruppe unterrichtet. Leider geht dadurch das personalisierte Praktizieren verloren und eine individuelle Betreuung ist fast unmöglich. Ihre Leser werden es nun viel besser nachvollziehen können, wenn Sie Einzelstunden mit in Ihr Programm aufnehmen.

Kapitel 4

Ideen sammeln: Kreative Schreibmethoden

Wir sind uns sicher, dass hier die ein oder andere Methode dabei ist, die künftig zu Ihrer »Geheimwaffe« wird – weil sie einfach gut zu Ihnen passt und Sie damit prima Ideen sammeln können. Diese kleinen Techniken sind so genial, weil Sie sie immer und überall einsetzen können, in jedem Kontext. Sie müssen sich vielleicht nur erlauben, sie zu benutzen: Denn natürlich sind es spielerische Methoden. Aber unterschätzen Sie das Spiel nicht: Es macht Sie locker und kann Sie in den Flow führen. Und dann geht alles wie von selbst.

Neue Erkenntnisse der Neurowissenschaft

Viele der kreativitätssteigernden Methoden wie Cluster oder Mindmapping sollen helfen, Gedanken zu Bildern zu machen, und damit das bildhafte und konzeptionelle Denken fördern. Diese Methoden funktionieren prima, um leicht ins Schreiben zu kommen. Auch heute noch – wenngleich der aktuelle Stand der Forschung die Begründung infrage stellt. Denn sie basieren auf dem Hemisphärenmodell, das in den 70er Jahren Stand des Wissens der damals »modernen« Hirnforschung war. Das Hemisphärenmodell besagte, dass die beiden Hirnhälften mit unterschiedlichen Aufgaben beschäftigt seien: »So gehörte es zum allgemeinen Credo, dass Sprache, Logik und Kalkül links beheimatet sind, während Kreativität und Emotionalität eher rechts verortet werden«, so beschreibt es der renommierte Hirnforscher Niels Birbaumer in »Dein Gehirn weiß mehr, als Du denkst« in seinem bei Ullstein erschienenen Buch. In den nächsten Sätzen aber kommt die Richtigstellung: »In der Hirnforschung gilt dieses Hemisphärenmodell freilich als überholt. Hier geht man vielmehr davon aus, dass die Hirnhälften zwar unterschiedliche Informationsverarbeitungsmethoden entlang dem obigen Schema aufweisen, diese aber nur Schwerpunkte oder Präferenzen und eben keine exklusiven Zuständigkeiten widerspiegeln. Gerade nicht-sprachliche Funktionen sind meistens beidseitig angelegt, und selbst für die Sprache kann man nicht nur links, sondern auch rechts Hirnaktivitäten finden. Und in einigen Fällen kann die eine Seite sogar komplett die Aufgaben der anderen übernehmen.« Aber sei es drum: Die Methoden funktionieren, ganz egal, wo und wie unser Gehirn sich den Output herholt!

4.1 Clustern

Das Clustern ist eine Brainstorming-Technik, die Assoziationen und somit den Ideenfindungsprozess unterstützt. Beim Clustern lassen Schreibende alle Gedanken unzensiert zu. Es entstehen Assoziationsbünde mit vielfältigen Verknüpfungen. Zusammenhänge, Schwerpunkte und Wissenslücken werden sichtbar. Häufig verraten stark ausgeprägte Assoziationsbünde, welche Themengebiete Sie besonders spannend finden oder zu welchen Bereichen Sie am meisten wissen. Sie können sich beim Clustern ganz ohne Druck auf Ihr Wissen und Ihre Interessen einlassen. Während des Clusterns wird klar, wo Ihr Wissen endet und zu welchen Aspekten Sie noch recherchieren müssen, um Ihr Thema zu entwickeln.

So geht's:

- Notieren Sie in der Mitte eines Blattes einen zentralen Begriff und kreisen Sie ihn ein. Er bildet den Kern des Clusters. Ihr Thema!
- Schreiben Sie ausgehend vom Kern Begriffe, Wörter und Halbsätze spontan auf.
- Kreisen Sie diese Einheiten ein und verbinden Sie sie über Linien mit dem Hauptkern. Sie können zu jedem neuen Begriff weitere Assoziationen bilden.
- Clustern Sie schnell, lassen Sie alle Gedanken zu, Ihre Hand sollte ständig in Bewegung sein.
- Wenn Sie pausieren, ummalen Sie den Kern oder verdoppeln Sie die Linien, bis Ihnen neue, in Worte fassbare Gedanken kommen.

Ursprung: Gabriele Rico (2004) »Garantiert schreiben lernen«

Cluster

Cluster

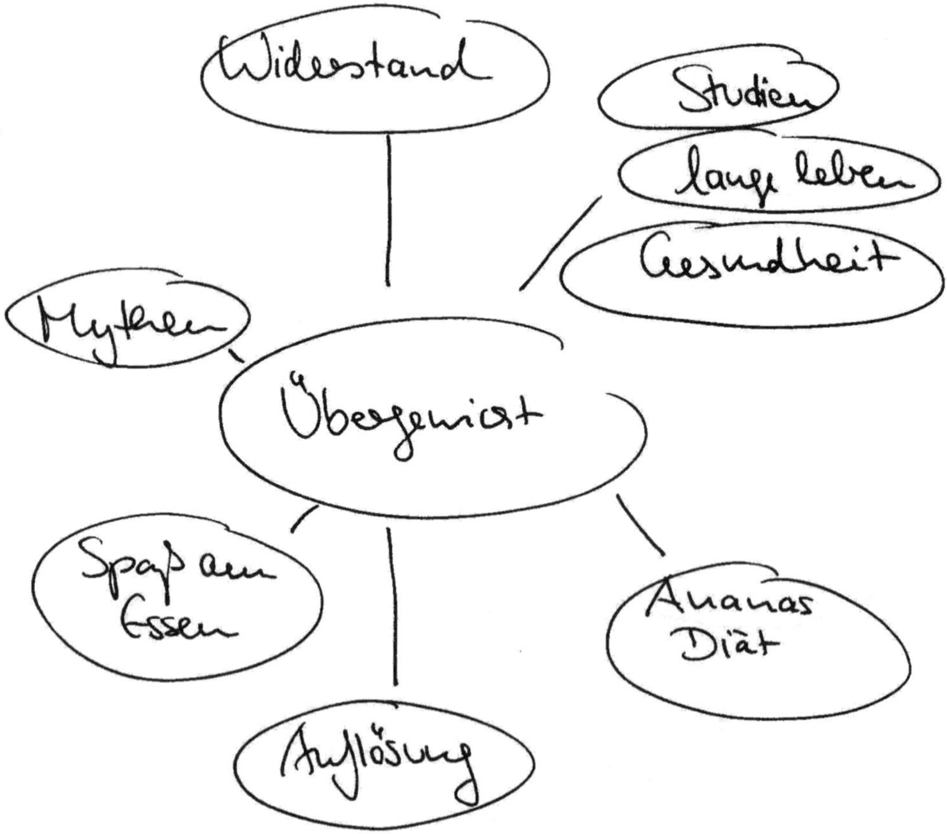
Widerstand
Studien
lange leben
Gesundheit
Mythen
Übergewicht
Spaß am Essen
Ananas Diät
Auflösung

Blogtext »Fettlogik überwinden« inspiriert von: Schreibanlass »Buchrezensionen« + Schreibmethode »Cluster«

Fettlogik überwinden

»Fettlogik überwinden« so heißt das Buch von Dr. Nadja Herman, erschienen bei Ullstein, das ich hier vorstellen möchte. Ich habe das Buch am Flughafen gefunden. Eigentlich hatte ich keine Zeit mehr und suchte einen Roman, aber der Titel hat mich gleichzeitig an- und abgestoßen. Ich konnte nicht daran vorbei. Zuerst war ich skeptisch. Aber die Autorin hat meine Widerstände gegen Diät auseinandergenommen und gebrochen!

Diäten: Mythen, Verzerrungen und Lügen

Von 150 Kilo auf 65 Kilo – das schafft die Autorin in anderthalb Jahren. Dr. Hermann, mit Psychologiestudium, Verhaltenstherapie und ernährungswissenschaftlichem Abschluss bestens qualifiziert, stellt fest, dass »Fettlogiken« bestehen, eigene Logiken, die sie und andere Diätwillige vom Abnehmen abhalten. Was geistert da im Frühjahr nicht immer durch die Zeitschriften: Von Ananas bis hin zu Paleo, vom Hungermodus zum Jojo-Effekt, Low Carb und iss Dich schlank – viele zitierte Studien verzerren die Wahrheit.

Wie lange und wie gesund möchte ich leben?

Zuerst fiel es mir schwer, mich mit diesem Buch anzufreunden. Du liebe Zeit, sollte etwa doch stimmen, was mein Vater seiner in der Pubertät molliger werdenden Tochter geraten hatte: »FDH, friss die Hälfte, nur auf die Kalorien kommt es an!« So einfach konnte es doch nicht sein? Als ich mich durch das Buch las und über die kleinen Cartoons freute, erwärmte ich mich langsam für die trockenen, mit der Realität konfrontierenden Einsichten und Belege. Dicksein kann man aus gesundheitlicher Sicht nicht schönreden, es ist und bleibt ein Gesundheitsrisiko. So wie ich für mich und meine Finanzen im Alter sorgen muss, soweit ich das kann, sollte ich mir meine Lebenserwartungs-Hoffnung anschauen und entsprechend die Parameter ändern – in diesem Falle das Gewicht. Nach und nach löste ich meine eigenen »Fettlogiken« auf. So zum Beispiel hatte ich immer geglaubt, dass der »Jojo-Effekt« unausweichlich sei und mein Set-Point des Gewichts einfach sehr hoch liege. Ich gar nicht mehr abnehmen könne, egal wie sehr ich mich bemühte ... Erst unsicher, dann begeistert stellte ich fest, dass ich einfach in meiner eigenen Gedankenspirale gefangen gewesen war. Nach langen Jahren der Abwehr hat das Buch in seiner glasklaren, unerbittlichen Logik meinen inneren Widerstand gebrochen und ich verflüchtige mich jetzt nicht mehr in Ausreden wie »die paar Kilo schaden nicht!«

4.2 Mind-Map

Das Mind-Map-Writing geht einen Schritt weiter als das freie und chaotische Clustern. Es strukturiert und ordnet Einfälle. Ein klassisches Mind-Map ist in seiner Struktur hierarchisch. Das Mind-Map ist dann eine gute Methode, wenn Sie Arbeitsschritte planen wollen. Es bietet dem Schreibenden einen Weg zur Gliederung. Es ist gut für Blogger geeignet, die gerne visuell arbeiten. Diese Technik verbindet assoziative und bewusste Vorgänge sowie sprachliches und bildhaftes Denken. Der große Unterschied zum Cluster: Hier arbeiten Sie mit Ruhe und Zeit, denn es geht um die bewusste Strukturierung von Ideen.

So geht's:

- Schreiben Sie wie beim Cluster Ihr Thema in die Mitte eines Blattes und umrunden Sie diesen Kern.
- Fügen Sie Themenschwerpunkte im Uhrzeigersinn als Hauptäste hinzu.
- Sortieren Sie Ihre Hauptäste in einer chronologischen Reihenfolge.
- Lassen Sie kleine Zweige aus den Hauptästen wachsen, die Ihre Themen untergliedern. Je weiter Sie unterteilen, desto konkreter werden Sie.
- Unsere Empfehlung: Arbeiten Sie mit Farben, Verbindungspfeilen und Symbolen.

Ursprung: Gabriele Rico (2004) »Garantiert schreiben lernen«

Mind-Map

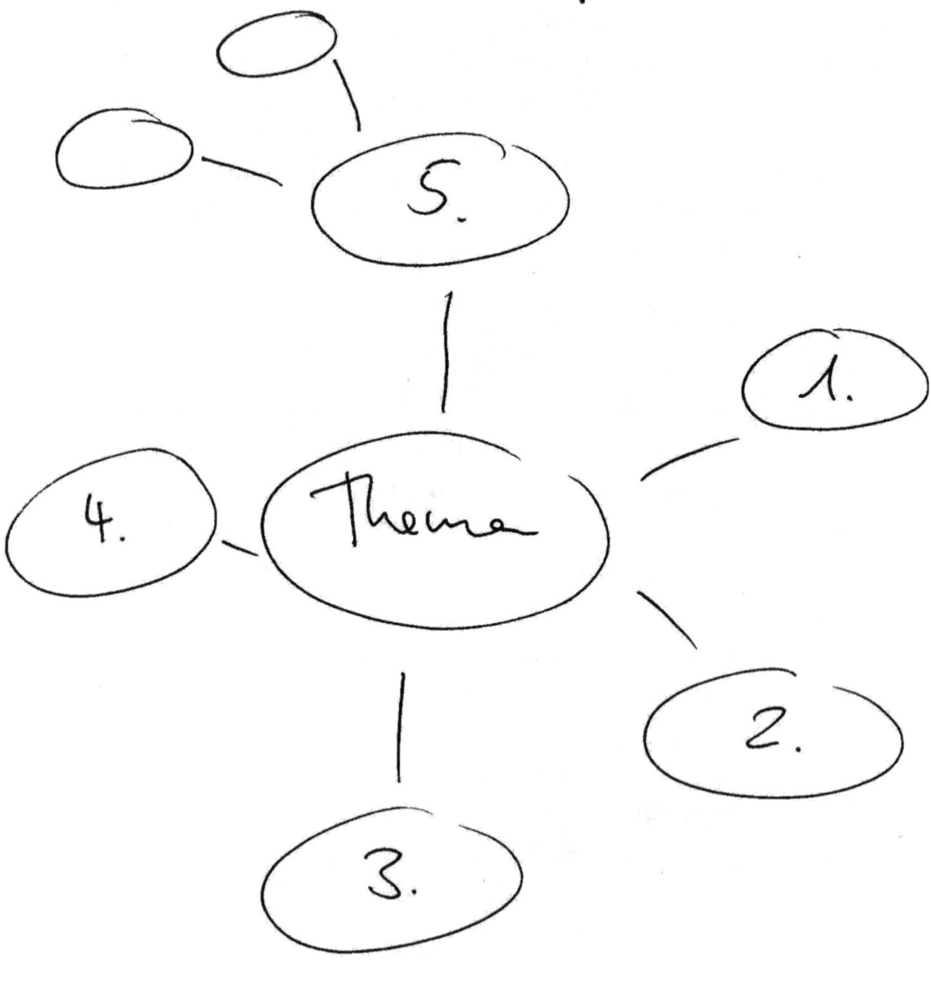

Mind-Map

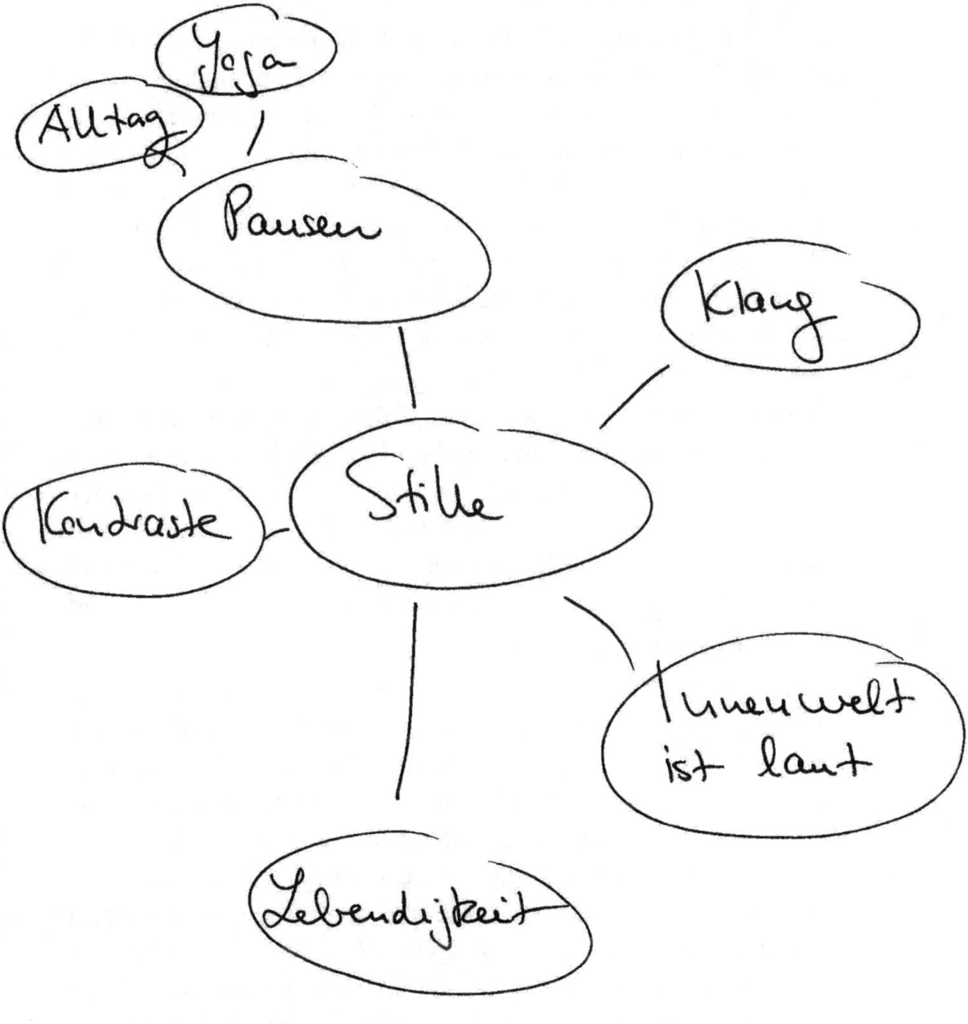
Yoga
Alltag
Pausen
Klang
Kontraste
Stille
Innenwelt ist laut
Lebendigkeit

Blogtext »Gedanken zu Stille« inspiriert von: Schreibanlass »Fachwörter, Definitionen und How-tos« + Schreibmethode »Mind-Map«

Gedanken zu Stille

Der Pianist David Tudor betritt die Bühne, auf der ein Klavier steht. Er schließt den offen stehenden Klavierdeckel und die Zuschauer hören den Klang des sanften Aufpralls. Es folgen 33 Sekunden Stille, bevor Tudor den Klavierdeckel weitere zwei Mal öffnet und schließt. Mehr geschieht nicht in John Cages Musikstück 4'33 (Four minutes, thirty-three seconds), das 1952 in Woodstock uraufgeführt wurde und in die Geschichte der Musik einging. In dem Stück wurde keine einzige Note gespielt. Nur der Rhythmus des Klavierdeckels unterbrach die aufkommende Stille wie der Gong einer Meditation.

Kontraste lassen uns feinfühliger werden. Ich erinnere mich noch, wie ich vor einem Jahr durch das brodelnde Delhi spazierte und wie sehr mir danach die Stille des abgelegenen Himalajas den Atem raubte. Wenn wir aus der Großstadt in die Natur hinausfahren, bewundern wir die Ruhe, die wir vorfinden. Kehren wir zurück, erschrickt uns das permanente, untergründige Rauschen der Stadt.

Es gibt keine absolute Stille.

Was bedeutet Stille? Der Klang in John Cages Musikstück warf die Zuschauer auf die Stille im Konzertsaal zurück. Sie lauschten in das Nichts hinein und hörten: Geräusche. Geräusche im Zuschauerraum und Geräusche in sich selbst. Was die Zuschauer von John Cages Musikstück erfahren sollten, und auch ich in den Bergen Nordindiens erlebte, war die eigene Innenwelt. John Cage betrat einmal einen schalldichten Raum und bemerkte, dass er trotzdem Geräusche hörte. Es war sein eigener Blutkreislauf und sein Nervensystem, wurde ihm klar. Stille ist nicht geräuschlos. Es gibt keine absolute Stille, so John Cage. Wird es um uns herum leiser, bemerken wir die Laute im Innern. Wir hören das Blut rauschen und den Puls pochen.

Stille ist lebendig.

Stille ist also höchst lebendig. Wir bemerken, was in uns schlummert und gehört werden will. Freude, Trauer, Wut oder Angst ... Tauchen wir in Stille ein, kommen Prozesse in uns in Bewegung und können verarbeitet werden. Langsam – nach jedem lärmenden Öffnen und Schließen des Klavierdeckels – stellt sich eine tiefere Stille ein, in der wir zur Ruhe kommen und Frieden schließen können mit dem, was wir vorfinden.

Stille entsteht durch Kontraste.

Manchmal scheint es mir in meinem Alltag unmöglich, Momente von Stille zu finden. Doch John Cage macht vor, dass es nicht viel braucht, um Stille zu erleben. Er schafft sich einen zeitlich begrenzten Rahmen und reduziert das, was geschieht, auf ein einziges Ereignis: den Kontrast von Klang und Stille. Erst durch den Aufprall des Klavierdeckels nahmen die Zuschauer die Stille überhaupt als solche wahr und begannen, sich mit ihr zu beschäftigen.

Stille im Alltag. Pausen schaffen.

Anstrengende und aufregende Zeiten gehören zum Leben dazu. Doch wir können den Trubel in unserem Leben dazu nutzen, um Zeiten des Ausruhens und Pausierens bewusster wahrzunehmen und zu genießen. Probieren Sie es aus. Gehen Sie nach einem lauthals schreienden Tag ohne viel Ablenkung ins Bett und werden Sie ganz leise. Keine Musik, keine Videos, kein Internet, kein Buch. Nur der Nachklang des Tages im Inneren.

Stille in der Yogapraxis. Nachspüren.

Wenn wir lernen, nach herausfordernden Situationen innezuhalten, können wir Stille üben. So auch in der Yogapraxis. Üben wir kraftvoll, mit all unserer Muskelkraft, können wir danach besser loslassen und nachspüren. Erst wird es laut, dann leise. Nach dynamischen Schüttel- und Atemübungen hören wir selbst sekundenlang unseren Herzschlag. Wir nehmen wahr, wie sich der Puls wieder beruhigt, und wir werden mehr und mehr in die Stille unseres inneren Raumes hineingezogen. So können wir auf einfache Art und

Weise unsere Yogapraxis immer wieder nachklingen lassen und bemerken die (lebendige) Stille, die uns innewohnt, viel deutlicher. Dazu eine ganz einfache Übung, die Sie jederzeit machen können:

Hüpfen und springen Sie auf der Stelle. Schütteln Sie alle Körperteile aus und atmen Sie dabei tief und voll. Lassen Sie dabei Kiefer, Schultern, Arme und Bauch ganz locker. Tun Sie das so lange, bis Sie sich ganz lebendig fühlen, und stoppen Sie. Stehen Sie auf der Stelle, lassen Sie Ihren Atem frei ein- und ausströmen und lauschen Sie Ihrem Herzschlag. Dann lassen Sie nach und nach Ruhe einkehren und tauchen Sie in die Stille ein, die aufkommt. Lösen Sie den Stand erst nach einigen Minuten und kommen Sie langsam wieder in Bewegung.

4.3 Freewriting

Beim Freewriting schreiben Sie schnell und ohne Kontrolle. Die Technik eignet sich wunderbar, um Ihren inneren Zensor abzuschütteln und Schreibängste zu überwinden. Geprägt hat den Begriff in den 70ern Peter Elbow; als man noch glaubte, dass die Vorgabe und Erlaubnis, unzensiert loszuschreiben, die »rechte Hemisphäre« des Gehirns stärke und dadurch die kreative, konzeptionelle Seite des Gehirns sich frei entfalten könne. Die detailorientierte »linke« Hemisphäre des Gehirns, der kleine Beamte in uns, der die Rechtschreibung und Ordnung kontrolliert, würde damit zurückgedrängt.

Wie wir gesehen haben, ist die Hirnforschung inzwischen weiter und sagt, dass sich die Arbeit des Gehirns nicht so eindeutig in Hemisphären unterteilen lässt. Der eigentliche Sinn des Freewritings bleibt jedoch bestehen: Wenn Sie als Blogger wissen, dass es im Moment des Freewritings nur darauf ankommt, ohne den Stift abzusetzen, unzensiert Gedanken aufzuschreiben, dann bringt das eine Befreiung. Der Fluss der Gedanken wird nicht unterbrochen durch Wortverbesserungen oder grammatikalische Feinheiten.

Schreibende sind gut beraten, ihr angestrengtes Gehirn zu entlasten, indem sie ihm nur einen Vorgang nach dem anderen zumuten: assoziieren und Ideen finden, danach die Sprache verfeinern, und erst ganz zuletzt auf die Rechtschreibung achten und den Korrekturlauf machen. Dieses Vorgehen entspricht den Phasen des kreativen Schreibprozesses, um Ihnen das Schreiben zu erleichtern. Auch die begrenzte Zeit ist vorteilhaft, denn automatisch wird bei einer Vorgabe von acht Minuten Schreibzeit Ihr Text komprimierter, als wenn Sie eine ganze Stunde zur Verfügung hätten.

Und noch was: Trauen Sie sich nicht nur, die Sätze zu schreiben, die Ihnen Ihre innere Stimme eingibt, sondern schreiben Sie auch, wie Sie reden würden. Denn wie unsere Kollegin Sigrid Varduhn in ihrem sehr hilfreichen Pocketguide »Schreiben im Beruf« festgestellt hat: Im Gespräch erzählen Sie engagiert, lebhaft und detailreich von Ihren Aufgaben und Projekten. Warum schreiben Sie es nicht einfach so auch auf? Denn wie sagte schon Lessing: »Schreibe, wie Du redest, so schreibst Du schön!« Was im vorvorletzten Jahrhundert wichtig war, bringt Sigrid Varduhn heute erneut ins Spiel: Bringen Sie Ihre Gesprächsstärken, Ihre Erzählstrategien hinein in Ihren Text. So wird Ihr Text lebendig, bildhaft und überzeugend. In der Überarbeitung »putzen« Sie Ihren Text, aber zu Beginn beim Freewriting schreiben Sie los, wie Sie reden würden, oder folgen einfach Ihrer inneren Stimme, die Ihnen genau sagt, was sie jetzt aufgeschrieben haben will. Das hilft ungemein dabei, das Schreiben in Gang zu bringen. Wir danken unserer Kollegin für diese Ermutigung und glauben, dass die Erlaubnis zum Schreiben wie im Gespräch auch beim Freewriting Nutzen bringen kann.

So geht's handschriftlich:

- Stellen Sie sich einen Wecker, z.B. auf acht Minuten.
- Schreiben Sie alles auf, was Ihnen durch den Kopf geht.
- Setzen Sie den Stift dabei nicht ab. Stoppen Sie nicht.
- Wenn Sie nicht weiterwissen, wiederholen Sie den letzten Satz oder das letzte Wort so lange, bis Ihnen ein neuer Gedanke kommt und Sie weiterschreiben können.
- Korrigieren Sie sich nicht. Achten Sie nicht auf Grammatik oder Zeichensetzung.

Ursprung: Peter Elbow

Eine Variante des Freewritings gefällt uns besonders gut: das »unsichtbare fokussierte Freewriting«. Es eignet sich für Blogger, die lieber direkt am Bildschirm schreiben, anstatt Stift und Papier zur Hand zu nehmen.

Freewriting

Endlich mal wieder Künstlerdate mit mir selbst. Ich fahre zu einer Lesung an den Wannsee. Meine Gedanken tanzen herum, aber bei einem Freewriting dürfen sie das auch... Was noch möchte ich erzählen? Dass ich mich sehr auf den spanischen Autor José Oliver freue. Er hat einen neuen Gedichtband heraus gegeben. Meine Sehnsucht hin zur Literatur ist an diesem Ort entstanden und jetzt bin ich zumindest Sachbuchautorin, na immerhin..

So geht's digital

- Schreiben Sie Ihr Thema als Überschrift in die erste Zeile.
- Schalten Sie die Schriftfarbe auf Weiß, damit das Geschriebene unsichtbar bleibt und Sie der Zensor nicht blockieren kann. Wichtig: Schalten Sie unbedingt die Rechtschreib- und Grammatikkontrolle ab, sonst irritieren bunte Kringellinien.
- Schreiben Sie in Sätzen oder Satzteilen alles auf, was Ihnen zu Ihrem Thema einfällt, ohne die Hände von der Tastatur zu nehmen.
- Schreiben Sie ununterbrochen. Fällt Ihnen nichts mehr ein, schreiben Sie so lange Ihren eigenen Namen oder »Was noch?« oder wiederholen Sie ein Wort zum Thema, bis die Ideen wieder fließen.
- Machen Sie nach dem Schreiben die Schrift wieder sichtbar.

Ursprung: »Zukunftsmodell Schreibberatung«, Franziska Liebetanz u.a.

Exkurs: automatisches Schreiben

Oft wird das Freewriting in einem Satz genannt mit dem automatischen Schreiben: Das automatische Schreiben ist in den 20er Jahren von den Dadaisten geprägt worden. Es kann mit Stimuli wie Musik und Abendstimmung erreicht werden: »Schreiben Sie abends im Dunkeln mit geschlossenen Augen bei laufender Meditationsmusik ganz schnell eine halbe Seite«, empfiehlt Lutz von Werder. Sie können das spaßeshalber als Experiment nutzen. Wohin führt Sie Ihr Unbewusstes? Hat es einen Blogbeitrag auf Lager, von dem Sie noch gar nichts ahnen? Sie können auch die schreibungewohnte Hand nehmen: als Rechtshänder mit der linken Hand ganz schnell schreiben, als Linkshänder ganz schnell mit der rechten Hand. Beginnen Sie mit Ihrem Namen und schreiben Sie dann mit geschlossenen Augen eine halbe oder ganze Seite.

Ursprung: Lutz von Werder

Blogtext »Künstlertreff mit J. A. Oliver« inspiriert von: Schreibanlass »Innere Aussagen und Gefühle. Kleine Momente im Alltag mit Bedeutung« + Schreibmethode »Freewriting«

Künstlertreff mit J. A. Oliver

»Ihr Künstler muss ausgeführt und verwöhnt werden«, das ist Julia Camerons Ansatz aus »Der Weg des Künstlers«. Der Künstlertreff ist ein Zeitraum von einem Tag oder auch nur ein paar Stunden, in dem man sich mit sich selbst und der eigenen Kreativität verabredet: um sie zu nähren, sich zu erholen und gleich wieder beflügeln zu lassen.

Ein Ausflug zum Literarischen Colloquium Berlin

Und so habe ich mich selbst ausgeführt. Nach einer Phase intensiver Arbeit wollte ich mir etwas gönnen. Mit dem guten Gefühl, dass das erste Buch dieses Jahres schon herausgebracht ist, ein weiteres gerade gestaltet wird und das dritte zumindest im Entwurf steht. Als kreative Vielschreiberin mit Lehraufgabe und Schreibsalon war es überfällig, mal einen Abend nicht am Schreibtisch zu sitzen.

So bin ich hinausgefahren zum Literarischen Colloquium Berlin. Auf dem Programm: Joachim Sartorius und José F. A. Oliver in Lesung und Gespräch. Ihr Gesprächspartner Michael Braun, Lyrikkritiker aus meiner Heimat Heidelberg. Den Dichter F .A. Oliver hatte ich im Frühjahr in einer Zufallsbegegnung auf dem Campanile des Universitätscampus Berkeley kennengelernt. Bereits 1994 war er Stipendiat des LCB und hat seitdem viele Preise gewonnen.

Erinnerungen und Triebfedern

Kaum betrat ich die ehrwürdigen Hallen am Wannsee, entdeckte Stipendiatinnen wie die finnische Autorin und Übersetzerin Suvi Valli auf der Terrasse oder am See, da sprangen Erinnerungen mich geradezu an:

Wie ich »in meinem früheren Leben« als Kommunikationsmanagerin von Gillette gemeinsam mit einem Kollegen vom ehemaligen Geschäftsleiter Janetzki geladen war, um über Sponsoring und LiteraTouren zu sprechen; wie ich beim Sommerfest des LCB den Hang hoch- und runtergewandelt war, in der Hoffnung, unter den vielen Gästen H., die »Edelfeder«, zu treffen, der mir so viel bedeutete; wie ich damals die Autorinnen und Autoren beneidete, die dort Stipendiaten waren und sich ganz auf ihr Schreiben konzentrieren konnten.

Ein Künstlertreff mit Überraschungseffekt

Mir wurde bewusst, dass ich wohl seit mehr als fünf Jahren nicht mehr an diesem schönen Ort gewesen war: Beim letzten Besuch hatte ich noch keine Ahnung, dass ich meinen gut bezahlten Job verlassen würde und heute selbst Autorin wäre, mit einem Master im Biografischen und Kreativen Schreiben ... das war ein wunderliches Gefühl. In diesem Moment hat es mich selbst überrascht, diese zweite Karriere, dieses so neu aufgesetzte berauschende Leben. Innerhalb von etwas mehr als fünf Jahren war es mir gelungen, aus der Funktion in der Industrie in ein künstlerisch freies Leben als Sachbuchautorin und Schreibtherapeutin zu wechseln. War an diesem Ort, dank meiner Sehnsucht, hin zu Literatur zu finden, sogar der Keim dazu entstanden?

José F. A. Oliver

»21 Gedichte, 4 Briefe und 10 Fotoworte«, schreibt der Dichter José F. A. Oliver aus Istanbul. Als ich mich für den Blogartikel hingesetzt habe, wollte ich eine Rezension schreiben, begeistert auf das Buch hinweisen. Zumal das politische Gedicht hier eine ganz andere, lange nicht gehörte Dimension und Qualität annimmt. Wobei nicht nur das Buch, sondern auch der lesende Autor den Moment prägten. José F. A. Oliver ist ein ausgesprochen musikalischer Mann. Das kommt nicht nur seinen Gedichten zugute, sondern die Lesung selbst wird zum Erlebnis. Ich wünschte, es gäbe zusätzlich zum Buch eine Tonaufnahme – oder das LCB veranstaltet recht bald weitere Lesungen mit diesem Autor, der so wunderbar erzählen kann. Wie er sich selbst aussetzte in fremde Gegenden, sei es in Berlin oder Istanbul, einfach mit den Öffentlichen hinausfuhr mit der selbst gestellten Aufgabe, zurückzuwandern zu seinem Ausgangsort, egal wie viele Stunden es dauerte; wie dabei eine Notiz entsteht, dann ein Notat, und daraus vielleicht ein Gedicht wird. Einen »menschenatlas voller wirklichkeiten« beschreibend.

Holen Sie sich Ihren Künstlertreff nach Hause

Das Buch erscheint in den nächsten Tagen bei Matthes & Seitz, beim LCB wurde es druckfrisch angeliefert. Auch die Gedichte von Joachim Sartorius waren beeindruckend – leider hat mein innerer Künstlertreff mich jetzt woanders hingeführt ... bis hin zu dem Gedanken, was für ein schöner Ort das LCB wäre, um eine neue Liebe zu treffen. Ich bin gespannt, was meine nächsten Künstlertreffs mir bieten werden ...

4.4 ABC-Darium

Ein ABC-Darium zwingt Sie, jeden Buchstaben des ABCs mit einem Gedanken zu Ihrem Blogthema zu versehen. Sie können es einsetzen, um wie bei einem Cluster Ihre Assoziationen und Gedanken zu sammeln. Wenn Sie hinterher noch mit unterschiedlichen Farben markieren, dann können Sie gleich optisch erkennen, was zusammengehört. Das ABC-Darium hilft Ihnen in spielerischer Form zu sammeln, welche Ideen in Ihnen stecken und die Hemmung vor dem weißen Blatt gar nicht erst aufkommen zu lassen.

So geht's

- Schreiben Sie das ABC von oben nach unten auf.
- Schreiben Sie zu jedem Buchstaben einen Satz, immer mit dem jeweiligen Anfangsbuchstaben beginnend.
- Markieren Sie mit unterschiedlichen Farben, welche Sätze thematisch zusammengehören.

Ursprung: Lutz von Werder

A

B

C

D

E

F

G

H

I

J

K

L

M

N

O

P

Q

R

S

T

U

V

W

X

Y

Z

A lles befindet sich im Wandel

B lühen wir im Frühling wirklich auf oder ist das nur ein guter Spruch?

C hancen auf erneuerte Gesundheit

D rehungen helfen im Yoga, die Bauchorgane neu zu durchbluten

E ntgiften

F asten

G iftstoffe

H eute habe ich an den Frühling gedacht, es ist so mild draußen und ein Eichhörnchen turnt auf dem Baum vor meinem Fenster umher.

I ch sehne mich nach dem Frühling, wann kommt er endlich?

J ahr für Jahr dasselbe

K ann nicht jeder Tag mein Frühling sein?

L oswerden von altem Ballast

M atsyendrasana (Drehsitz)

N atürlich und schön sein wollen

O rgane wie Leber, Nieren, Darm und Lunge

P latz für Neues schaffen

Q uer denken

R eden wir uns Detox schön?

S teckt hinter Detox vielleicht nur eine Werbestrategie?

T rend

U nd was sagen Experten?

V ielleicht entgiften wir besser jeden Tag?

W issenschaftliche Studien?

X

Y

Z eit zum Ausmisten und Aussortieren

Blogtext »Detox im Frühling« inspiriert von: Schreibanlass Jahreszeiten + Schreibmethode ABC-Darium

Detox im Frühling

Heute habe ich an den Frühling gedacht. Es ist Januar und mild draußen. Ein helles Grau überzieht die Straßen, ein leichter Wind weht. Ein Eichhörnchen turnt auf den Ästen vor meinem Fenster umher. Ich sehne mich nach dem Frühling – dem wirklichen Frühling –, wenn die Vögel wieder zwitschern und die Äste nicht mehr kahl hin und her wippen, sondern Knospen treiben.

Frühlingserwachen

Frühling ist die Zeit des Aufblühens, Ausmistens und Aussortierens. Wir werfen all unseren Ballast ab und schaffen Platz für Neues. Das Frühjahr ist eine Zeit des Umbruchs und Aufbruchs. Wir wachen aus der Starre des Winters auf und starten voller Elan in ein neues Lebensgefühl. Frische Luft, viel Bewegung, gesundes Essen, keine Müdigkeit mehr. Stattdessen sprühen wir vor Motivation, Kraft und Energie. Zumindest wünschen wir uns das!

Detox – Ein Trend unserer Zeit

Unsere Sehnsucht macht sich die Industrie rund um Sport, Ernährung, Lifestyle und Yoga zunutze. Unendlich viele Detox-Angebote werden gerade im Frühjahr angepriesen: Neben Fastenkuren und Diäten gibt es eine riesige Bandbreite an Yoga-Workshops und Retreats zum Entgiften und Entschlacken. Ohne Zweifel: Der Frühling ist der perfekte und schönste Moment dafür, innezuhalten und unser ganzes System neu zu starten. Doch geht das sprichwörtliche Aufblühen nur im Frühling? Detox im Frühling scheint mir vor allem eine gute Werbestrategie zu sein.

Was im Körper passiert

Organe wie Leber, Nieren, Darm und Lunge sorgen dafür, körpereigene Schadstoffe auszuscheiden. Dieser natürliche Prozess findet jeden Tag statt, nicht nur mithilfe spezieller Detox-Anwendungen.

Wir könnten uns bemühen, diese Vorgänge das ganze Jahr über zu unterstützen. Yogaübungen wie Umkehrhaltungen oder Drehungen sind sinnvoll für unseren Kreislauf, das Lymph- und Nervensystem, üben wir sie regelmäßig. Insbesondere Atemübungen helfen, das Lungenvolumen zu erweitern und mehr Sauerstoff aufnehmen zu können, wenn wir die sogenannten Pranayamas längerfristig und nicht nur einmalig praktizieren.

Dass unser Körper durch äußerliche Chemikalien »vergiftet« sei, sich diese Gifte als Schlacken in unserem Körper ansammeln würden und wir sie kurzfristig austreiben könnten, halten Experten wie der Ernährungsmediziner Stephan Bischoff übrigens für »Humbug« (Christine Pander: »Trend Detox: der Mythos von der bösen Schlacke«: http://www.spiegel.de/gesundheit/diagnose/trend-detox-der-mythos-um-die-boese-schlacke-und-gift-im-koerper-a-892115.html)

Worauf warten wir?

Das Eichhörnchen vor meinem Fenster ist verschwunden. Ich denke an Wälder und den Geruch von Kiefern, an Sandstrände und Dünen. Wieder träume ich mir die ersten wärmenden Sonnenstrahlen herbei. Meine Sehnsucht nach dem Frühling wird vielleicht erträglicher, wenn ich mir bewusst mache: Jeder Tag kann ein Frühlingsbeginn sein! Wieso sollte ich auch nur einen Tag länger warten, meinem Körper Gutes zu tun?

Detox-Frühlingsprogramm jetzt und jeden Tag!

Starten Sie Ihr Detox-Frühlingsprogramm doch einfach schon jetzt, unabhängig von Jahreszeit, Trend und Angeboten! Zur Anregung finden Sie hier ganz einfache Übungen aus dem Yoga, die Sie täglich oder mehrere Male in der Woche nutzen können, um innerlich aufzuräumen und Platz für Neues zu schaffen.

Legs up to the Wall

Legen Sie die Beine hoch! Sie können sich dafür auf den Boden legen oder ganz bequem auf Ihr Bett. Wenn möglich legen Sie sich eine gefaltete Decke oder ein Kissen unter das Kreuzbein. Dann strecken Sie die Beine nach oben an der Wand aus und lassen Sie sie hier ruhen. Bleiben Sie in dieser Haltung mindestens fünf Minuten. Das Blut fließt für diese Zeit andersherum, von Ihren Füßen zum Herzen. Das Nervensystem beruhigt sich. Atmen Sie tief ein und aus. Wenn Sie die Übung beenden, bringen Sie Ihre Beine langsam wieder nach unten und bleiben Sie noch einen Moment ausgestreckt liegen. Spüren Sie, wie sich Ihr Blutkreislauf wieder umstellt und das Blut aufs Neue in Ihre Beine fließt. Wenn Ihre Beine kribbeln, ist das ganz normal, genießen Sie die Lebendigkeit!

4.5 Bezugsliste

Mithilfe der Bezugsliste stellen Sie Schlüsselbegriffe und charakterisierende Formulierungen zu einem Thema zusammen. So verlangt etwa ein Plot über die Modebranche eine andere Tonalität als ein Dokudrama über Mediziner.

Durch diese Schreibmethode werden Sie in der Sprache bleiben, die Ihr Zuhörer erwartet. Zudem wird das assoziative Geflecht Ihnen Impulse zum Texten geben, wenn Sie hin und wieder daraufschauen.

So geht's

- Schreiben Sie ungeordnet Begriffe auf, die Ihnen zu Ihrem Thema einfallen.
- Schreiben Sie die Worte hintereinander weg, sie müssen nicht zusammenhängen.
- Schauen Sie beim Schreiben des Textes immer mal wieder auf die Liste, das hilft Ihnen, in der Tonalität Ihres Themas zu bleiben.

Ursprung: Lothar Wate. In: Susanne Diehm: »Wie Kreatives Schreiben beflügelt«

Leere Bezugsliste

1

2

3

4

5

6

7

8

9

10

11

12

13

14

15

16

17

18

19

20

Ausgefüllte Bezugsliste

1 Leistungsdruck

2 Leiden

3 Höchstleistungen

4 Ehrgeiz

5 Ausbrennen

6 Balance

7 Verletzungen

8 Schmerz

9 Akzeptanz

10 Schwäche

11 Stärke

12 Reagieren

13 Experimentieren

14 Ausfallschritt

15 Home Practice

16 Innere Spirale

17 Innere Einstellung

18 Plädoyer

19 Schwärmen

20 Authentisch sein

Blogtext »Lasst uns mehr Schwäche zeigen« inspiriert von: Schreibanlass »Zitate und Sprüche« + Schreibmethode »Bezugsliste«

Lasst uns mehr Schwäche zeigen

»At some point I realized that no amount of yoga practice or perfection in yoga practice will shield me from suffering. Suffering will happen. My body will change, people will come and go. The only solution is to expand the container – to make myself bigger than my suffering.« (Katchie Ananda)

(http://www.yogitimes.com/review/katchie-ananda-yoga-teacher-san-francisco-berkeley)

(Irgendwann merkte ich, dass keine Fülle an Yoga-Praxis oder Perfektion in Yoga mich vom Leiden schützen wird. Leiden ist unumgänglich. Mein Körper wird sich ändern, Leute werden kommen und gehen. Die einzige Lösung ist, das Gefäß zu erweitern – um mich selbst größer zu machen als mein Leiden.)

Wir kennen sie alle, die unzähligen Bilder überflexibler Frauen in den tiefsten Yogaposen. Menschen, die unerschütterlich glücklich und gesund wirken, schmücken die Titelblätter der Yogazeitschriften. Wir schlagen Fachbücher auf und sehen indische Meister in den wildesten Verrenkungen. Zuweilen entsteht der Eindruck, im Yoga gehe es vor allem um die perfekte Körperbeherrschung.

Yoga als Leistungssport

Tatsächlich ist Yoga für viele Menschen zum Leistungssport geworden. »Falscher Ehrgeiz« sei einer der Hauptgründe für Verletzungen im Yoga, wie eine amerikanische Studie unter Yogalehrern, Therapeuten und Medizinern ergab. (http://www.sciatica.org/downloads/fishmanarticle_analysis.pdf) Übertriebener Perfektionismus und der Druck, Höchstleistungen zu erbringen, sind längst im Yoga angekommen. Kein Wunder, denn diese Werte sind fest in unserer Kultur verankert. Wir wollen funktionieren, gut sein und besser werden. Komme, was wolle, um jeden Preis.

Doch wir sind menschliche Wesen! Wir können nicht ununterbrochen auf Hochtouren laufen und über unsere Grenzen hinweggehen. Wir befinden uns in ständigem Wandel. Ayurveda lehrt uns: Jede Konstitution, jede Lebensphase, jeder Tag, ja selbst jede Tageszeit ist anders. Unser Körper changiert ständig zwischen vollem Antrieb (Rajas), Langsamkeit (Tamas) und Balance (Sattva). Jeder dieser Zustände hat seine Zeit und seinen Sinn! Begreifen wir Yoga allerdings als eine immer gleiche Leistung, entsteht zwangsweise das Gefühl, zu versagen, sobald wir in einer Phase sind, in der wir nicht alles geben können.

Die eigenen Erwartungen sind oft am höchsten

Vor drei Jahren zog ich mir eine Verletzung im Hüftgelenk zu und befand mich plötzlich in genau dieser Situation: Ich konnte nicht mehr alles geben. Am Anfang kam ich kaum aus meinem eigenen Leistungsdruck raus, so tief saßen die Erwartungen, die ich als Yogini und angehende Yogalehrerin an mich selbst stellte: »Ich muss jeden Tag auf meiner Yogamatte stehen, erst recht als Lehrerin. Ich will auch die schwierigsten Übungen vormachen können. Ich kann es mir nicht erlauben, auszusetzen ...«

So tun, als wäre alles gut?

Zu Beginn übte ich einfach weiter. Ich ging wie gewohnt in Level-3-Klassen und war frustriert, da ich immer früher aus den Haltungen aussteigen musste. Manchmal brach ich in Tränen der Verzweiflung aus, so auch in einem Workshop mit Katchie Ananda. Sie fing meine Trauer mit schlichten, aber weisen Worten auf. »Wer sagt, dass wir im Yoga immer 100% geben müssen? Pass' deine Praxis deiner Energie an. Wenn Du nur 20% hast, dann gib volle 20, ohne dich dabei schlecht zu fühlen.« Katchie strahlte heiter. Sie war meine Erlösung.

Schwäche kann uns stark machen

So übte ich monatelang volle 10%. Ich ging auf meine Yogamatte und praktizierte keine glanzvollen Posen, sondern ganz einfache Übungen. Zuerst linderte ich damit einfach nur meine Schmerzen.

Mit der Zeit stieg meine Energie und ich begann, verschiedene Haltungen auf meine Beschwerden zuzuschneiden. Selbst der Ausfallschritt wurde zu meiner größten Herausforderung! Ich wärmte Quadrizepz und Hamstrings länger auf als sonst und übte dynamische Schüttelübungen. Dann erforschte ich, wie ich durch mehr innere Spirale den Ausfallschritt schmerzfrei hinbekam. Durch mein Experimentieren verstand ich mehr über meinen Körper als je zuvor. Meine neue Home Practice ließ mich mich stark anstatt schwach fühlen. So ging ich eines Tages wieder ins Yogastudio und übte voller Selbstverständnis meine ganz eigene Praxis, während neben mir meine Schüler die aufregendsten Posten meisterten.

Plädoyer

Heute, nach Jahren, schaue ich zurück. Es war kein leichter Weg, aber ich habe Kostbares gelernt. Schwächen können uns stärker machen, wenn wir uns trauen, hinzuspüren, anstatt wegzuspüren. Wenn wir sie akzeptieren und zu ihnen stehen. Wenn wir ehrlich und aufrichtig anfangen, mit ihnen umzugehen. Yogis und Yogalehrer, lasst uns beginnen, mehr Geschichten von Schwäche zu erzählen, ohne schwarzzumalen. Und lasst uns mehr Worte finden, die vom Leben schwärmen, ohne es schönzureden!

4.6 30-Wort-Methode

Kreativitätstechniken wie die 30-Wort-Methode setzen Assoziations- und Visualisierungsprozesse in Gang. Mit dieser Methode gelangen Sie immer mehr ins Detail. Die Übung eignet sich besonders, um herauszufinden, worüber man schreiben will.

So geht's

- Fertigen Sie eine Liste zu Ihrem Thema an. Schreiben Sie zehn Begriffe dazu untereinander.
- Suchen Sie anschließend einen aus, der bei der nächsten Liste zum Thema wird.
- Schreiben Sie wieder zehn Wörter und wiederholen Sie das Spiel noch mal:
- Nehmen Sie einen Begriff auf, setzen Sie ihn wieder an den Anfang der nächsten Liste.

Farben	Neonlicht	Flackern
1. Machen glücklich	Sticht in den Augen	Vor den Augen
2. Heben die Stimmung	Man sieht alles	Migräne
3. Pigmente	Neonröhren	Kurzschluss
4. Kleidung	Flackern	Nervös sein
5. Trends	Vernissagen	An und Aus
6. Warme Farben	Bürobeleuchtung	Fackeln
7. Grün, Orange und Braun	Praktisch	Feuer
8. Knallige Farben	Schulgebäude	Kerzen
9. Grelle Farben	Steril	Dunkelheit
10. Neonlicht	Weiß	Knistern

30 Wort Methode

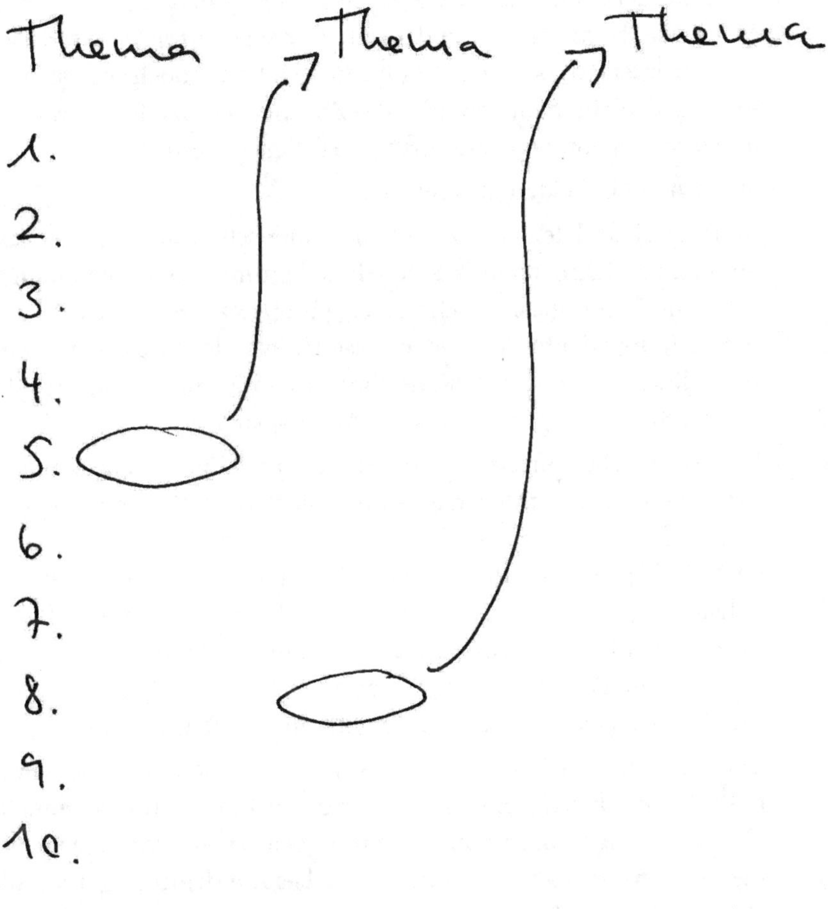

Blogtext »Flackern vor den Augen. Was hilft bei Migräne?« inspiriert von: Schreibanlass »Farben, Gerüche und Laute« + Schreibmethode »30-Wort-Methode«

Flackern vor den Augen. Was hilft bei Migräne?

Grelles Neonlicht, ein Blick auf den Computerbildschirm, beißende Sonnenstrahlen, ja sogar ganz normales Tageslicht, Gerüche oder Geräusche lösen Höllenqualen aus. Von einem Moment auf den anderen sind unsere Nerven überreizt und schreien auf. Bei einem klassischen Migräneanfall hilft nur noch eins: sich ins Bett legen, nicht mehr bewegen, das Zimmer abdunkeln und warten, bis es vorbeigeht. Das kann manchmal Tage dauern.

Migräne – Ein Leiden unserer Zeit

In Deutschland leiden 18 Millionen Menschen an Migräne laut Studien der Schmerzklinik Kiel. Hinzu kommen 25 Millionen Menschen mit Spannungskopfschmerzen. (http://www.schmerzklinik.de/service-fuer-patienten/migraene-wissen/wer-leidet/) Das Leiden wird verschlimmert, indem Außenstehende häufig mit Sprüchen oder Unverständnis reagieren, etwa am Arbeitsplatz.

Ich selbst habe seit dem Teenageralter mit Migräne zu kämpfen. Eine Zeit lang besuchte ich einen Arzt nach dem nächsten und probierte alle erdenklichen Blocker und Schmerzmittel aus. Nichts davon half gegen das unerträgliche Hämmern, das Übergeben, die Sehstörungen und Lähmungen, die mich von einer Sekunde zur nächsten außer Gefecht setzen. Was Linderung verschaffte, war Akupunktur. Damit blieben die extremen Totalausfälle aus, aber die Migräne – tagelange Kopfschmerzphasen – blieb trotzdem.

Erst viele Jahre später verstand ich, wieso. In meinem Falle wurde die Migräne durch inneren Stress ausgelöst, den ich ansammelte, ohne es zu merken. Immer wenn mir etwas zu viel wurde, brachen die Schmerzen über mich hinein. Ich begann, frühzeitiger auf die Warnzeichen zu hören und vorzubeugen. Letztendlich stellte ich mein Leben in vielen Aspekten um. Damit verschwand die Migräne zeitweise über Jahre hinweg. Gänzlich überwunden ist sie nicht, aber die Intensität ist abgeklungen und sie tritt heute nur noch in seltenen »Notfällen« auf.

Finden Sie den Auslöser und beugen Sie vor

Was hilft wirklich bei Migräne? Es ist entscheidend, herauszufinden, was die Migräne auslöst. Denn ist sie einmal in Gang gekommen, gibt es meist kein Zurück mehr. Die Auslöser sind bei jedem Betroffenen anders und sehr individuell. Bei manchen reicht ein Schluck Rotwein oder ein Stück Schokolade. Bei vielen Frauen ist Migräne hormonell bedingt. Bei anderen, so wie bei mir, sind die Ursprünge psychischer Art.

Werden Sie bewusster – mit Schmerztagebuch und Yoga

Wenn Sie unter Migräne leiden, finden Sie heraus, was die Attacken auslöst. Was kehrt immer wieder? Führen Sie ein Schmerztagebuch und schreiben Sie jedes Detail auf. Achten Sie vor allem darauf, was Sie vor dem Migräneanfall getan haben und wie Sie sich gefühlt haben. Voraussetzung dafür ist, dass Sie Ihren Körper und Ihr Befinden gut kennen! Dabei helfen eine regelmäßige Yogapraxis oder andere körperliche Übungen, die bewusst (und nicht leistungsorientiert) ausgeführt werden. Das achtsame Bewegen, Spüren und Atmen hilft, sich selbst besser wahrzunehmen. Akzeptieren und schützen Sie Ihre Grenzen! Für meinen Weg aus dem Teufelskreis Migräne war entscheidend: der Blick nach innen. Wagen Sie diesen Blick! Sie haben nichts zu verlieren, aber Sie können sich selbst besser kennenlernen.

4.7 Sketchnotes

Sketchnotes sind visuelle Notizen: Skizzen und Kritzeleien, mit denen Sie Inhalte zum Beispiel eines Vortrags in Ihrer eigenen Bildsprache festhalten. Wenn Sie beim Zuhören »mitmalen«, dann sind Sie fokussiert auf das, was gesagt wird, und erinnern sich später besser. Das bedeutet für Ihren Blogbeitrag, dass Sie nur auf die Skizzen schauen müssen, die Sie angefertigt haben, und schon erinnern Sie sich, was für Sie von Bedeutung war. Ihre Skizzen führen Sie einen Weg, mit dem Sie dann Ihren Blogbeitrag schreiben können: über den Redner und was seine wichtigsten Aussagen waren. Das Beste dabei: Sie finden Ihre eigene Sprache dafür, weil Sie eventuell komplizierte Aussagen schon so »übersetzt« haben, dass es für Sie stimmig ist. Das versetzt Sie in die Lage, auch anderen zu erklären, was gesagt wurde.

Sketchnotes, die praktische Kunst, die einfache und komplexe Ideen in leicht zu merkende Informationshäppchen übersetzt, wurde von Mike Rohde (rohdesign.com) entwickelt. Inzwischen gibt es eine ganze Gemeinde von »Sketchnotern« (siehe sketchnotearmy.com). Die Schreibdidaktik hat Studierenden schon immer angeraten, während der Vorlesung Notizen zu machen, um den gebotenen Stoff besser aufzunehmen; die bildhafte Komponente, die aus den fünf Grundelementen Dreiecken, Quadraten, Kreisen, Linien und Punkten gefertigten Bildchen, erhöht in jedem Falle den Spaßfaktor beim aktiven Zuhören. Und bietet eine Vorlage für Ihren Blogbeitrag! Ob Sie das Sketchnote-Muster linear, vertikal, als Pfad oder als drei Säulen nebeneinander anlegen, ist ganz Ihrem persönlichen Geschmack überlassen. Eine Doppelseite einer Schreibkladde oder eines kleinen unliniierten Heftes genügt. Natürlich können Sie auch gerne Ihr Blog-Logbuch nehmen!

So geht's

- Skizzieren und kritzeln Sie mit, wann immer Sie zuhören, zuschauen oder etwas lesen.

- Übersetzen Sie die Inhalte, die bei Ihnen ankommen, in Ihre eigene (Bild-)Sprache.
- Strukturieren Sie Ihre visuellen Notizen im Moment des Aufzeichnens nach einem der Sketchnote-Muster:
- Linear, Vertikal, Pfad, Säule

Ursprung: Mike Rohde: »Das Sketchnote Handbuch«.

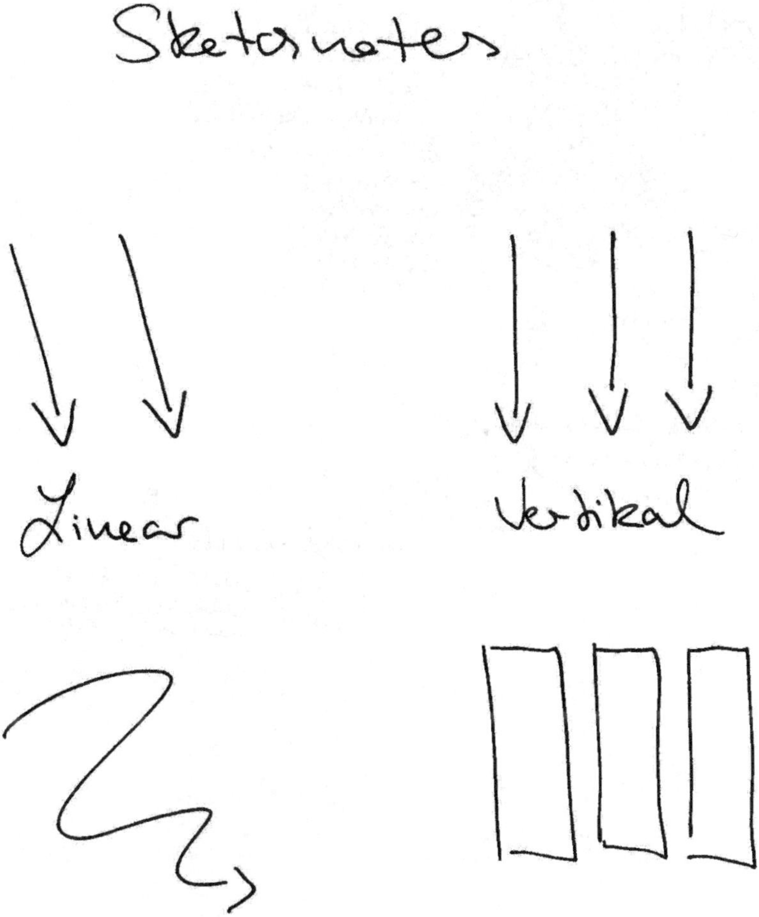

Tara Meditation
→ Ulli Olvedi ←

Tara Mother of all buddhas –
grün – rot –
hellblau, Lotusblume,
ein Bein angewinkelt...
→ Mitgefühl
→ Kraft
→ Stärke
→ Aktivität

Mandala

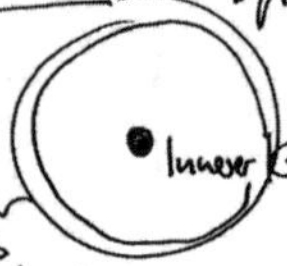

Innerer Kreis (subtil)
äußerer Kreis (einfach)

Spiritualität: Kultur-unabhängig
Religion: „Verpackung“
Dharma → Wissen & Praxis
Zwei Flügel eines Vogels
Meditation Tara Praxis
Rezitation, 3x Mantra,
Visualisierung, Auflösung...

Blogtext »Tara – Eine ungewöhnliche Begegnung« inspiriert von: Schreibanlass »Veranstaltungen und Experten« + Schreibmethode »Sketchnotes«

Tara – Eine ungewöhnliche Begegnung

An einem kühlen Wochenende im März machte ich mich auf den Weg zum bayrischen Ammersee. Der See zeigte sich genauso unberechenbar und vielseitig, wie Ulli Olvedi: sanft, stürmisch und klar. Die bekannte Buchautorin, eine authentische Frau über 70, leitete in der idyllisch gelegenen Akademie Aidenried ein zweitägiges Tara-Meditationsseminar, zu dem ich mich vor Wochen angemeldet hatte. Wieso, wusste ich nicht genau. Irgendetwas zog mich dorthin und ließ mich acht Stunden Zugfahrt im schwangeren Zustand auf mich nehmen. Keine leichte Übung!

Tibetischer Buddhismus – Magisch und faszinierend

Die Gottheit Tara steht für grenzenloses Mitgefühl, Weisheit und Kraft. Sie ist die »Mutter aller Buddhas« und symbolisiert Schutz, Weiblichkeit und Mütterlichkeit. Die Praxis beruhte auf einem traditionellen Text über Tara, den wir studierten, rezitierten und visualisierten. Diese Art der Meditation ist charakteristisch für den tibetischen Buddhismus, der an diesem Wochenende genauso anziehend und verschlüsselt auf mich wirkte wie vor zwei Jahren, als ich durch den indischen Himalaja von Kloster zu Kloster reiste.

Durchhalten – Meditieren wirkt

Während meiner Indienreise fragte ich mich manchmal: »Wieso tue ich mir das an? Auf 4000 Metern Höhe einen Berg hochsteigen, ohne Sauerstoff in meinen Lungen!« Und auch dieses Wochenende schaltete sich mein Geist das ein oder andere Mal skeptisch ein. Das laute Murmeln von Versen und Huldigungen klang wie eine merkwürdige Mischung aus Klosterzeremonie und Gottesdienst. Doch das Meditieren wirkte nach. Während des Seminars wusste ich kaum, wie mir geschah, aber am nächsten Tag war alles anders. Die Farben waren intensiver, ich lachte mehr als gewöhnlich, fühlte mich leicht und voller Kraft.

Seien Sie unvernünftig!

Was ich an diesem Wochenende vor allem lernte: Es lohnt sich, zwischendurch mal etwas Verrücktes zu tun. Probieren Sie es aus. Tun Sie etwas, von dem Sie nicht wissen, warum Sie es machen. Fahren Sie auf ein Seminar, das Sie magisch anzieht, egal wie fern und fremd es Ihnen erscheint. Denn am Ende ergibt alles einen Sinn! Ich flog förmlich zurück nach Berlin – ohne genau zu wissen, ob es an der Begegnung mit Ulli Olvedi, Tara, dem Ammersee, mir selbst oder der Tatsache lag, endlich mal wieder etwas Unvernünftiges getan zu haben.

4.8 Serielles Schreiben

Beim seriellen Schreiben wiederholen Sie immer wieder denselben Anfangssatz und führen ihn dann in Varianten fort. Denn es hat einen Sinn, dass Sie wiederholend beginnen; während Sie die langweiliger werdende Wiederholung schreiben, arbeitet Ihr Gehirn schon weiter und spielt Ihnen zu, wie Sie den Satz beenden.

So geht's

- Denken Sie sich einen Anfangssatz aus.
- Schreiben Sie ihn einmal auf und führen Sie den Satz zu Ende.
- Dann wiederholen Sie das Prozedere zehn Mal, immer mit dem gleichen Anfangssatz beginnend.
- Sammeln Sie wild und unsortiert, was Sie beschäftigt.
- Bloß nicht auf die Idee kommen, mit »Gänsefüßchen« abzukürzen!

1 Ihr Anfangssatz ...

2 Ihr Anfangssatz ...

3 Ihr Anfangssatz ...

4 Ihr Anfangssatz ...

5 Ihr Anfangssatz ...

6 Ihr Anfangssatz ...

7 Ihr Anfangssatz ...

8 Ihr Anfangssatz ...

9 Ihr Anfangssatz ...

10 Ihr Anfangssatz ...

1 **Wenn ich ein Buch kaufen will**, dann gehe ich in den Buchladen Chatwin in der Goltzstraße und stöbere ein wenig.

2 **Wenn ich ein Buch kaufen will**, dann lasse ich mir von der Buchhändlerin eines empfehlen.

3 **Wenn ich ein Buch kaufen will**, dann für eine Freundin, für die ich mir das passende Buch »erarbeite«, indem ich aufschreibe, was sie mag, und dann im Stichwortverzeichnis von Amazon nachsehe.

4 **Wenn ich ein Buch kaufen will**, dann mache ich das erst, wenn ich eine Empfehlung habe.

5 **Wenn ich ein Buch kaufen will**, dann mache ich mir Gedanken dazu, ob ich es überhaupt kaufen muss oder ob ich es aus der Bibliothek hole.

6 **Wenn ich ein Buch kaufen will**, dann schaue ich mir Bestsellerlisten durch.

7 **Wenn ich ein Buch kaufen will**, dann ist mir klar, dass ich ein Interesse an einem neuen Thema habe.

8 **Wenn ich ein Buch kaufen will**, dann schaue ich auf den Preis und wäge ab, ob ich es brauche.

9 **Wenn ich ein Buch kaufen will**, dann bin ich manchmal inspiriert von einer Buchmesse.

10 **Wenn ich ein Buch kaufen will**, dann lasse ich mich auch von Freunden beraten.

Blogtext »Die Bücher, die wir lieben – und wo wir sie kaufen sollten!« inspiriert von: Aufgeschnappt unterwegs + Schreibmethode serielles Schreiben

Die Bücher, die wir lieben – und wo wir sie kaufen sollten!

Wer viel am Schreibtisch sitzt, sollte sich auch bewegen. So habe ich mich zu Beginn des Jahres in einem Fitnessstudio in Berlin angemeldet. Zu Beginn dachte ich, es würde hart werden, ich müsste mich zwingen, zwei- bis dreimal pro Woche dort aufzuschlagen und meine Übungen zu machen. Jetzt, im April, bin ich positiv überrascht: Womit ich nicht gerechnet habe, ist, dass ich neben der schweißtreibenden Arbeit immer wieder Szenen miterlebe, die mir Spaß machen. Human Interest, das Menschliche und Allzumenschliche ist es, was uns anzieht, oder? Ich komme gern mit Menschen ins Gespräch – und ich gefalle mir darin, ungewollt Konversationen zu belauschen, die sie führen.

Nur entspannen oder auch lesen? Und wenn, dann was?

Heute hatten ein paar Frauen in der Umkleide eine Diskussion darüber, ob man nach dem Sport im Wellness-Bereich besser mit geschlossenen Augen nach der Sauna entspannt oder ob man dort nicht auch Bücher lesen könne. Diesen Aspekt fand ich müßig, aber mit einem Male wendete sich das Gespräch und die Frage kam auf, wo man denn die Bücher findet, die man richtig gerne liest. Nicht nur, um zu entspannen, sondern auch anspruchsvolle Literatur. Jede der drei Frauen hatte dazu etwas zu sagen, jede hatte ihre eigene Methode. Eine ging gerne in einen Buchhandel, die andere schaut auf Bestsellerlisten, und die Dritte kann sich auf eine Freundin verlassen, die ihr Bücher empfiehlt.

Kaufen – aber wo?

Eigentlich wollte ich ja nur schweigend mithören, aber als die Dunkelhaarige von ihnen, Maja, dann sagte: »Oh, super, das klingt gut, das bestell' ich mir dann bei Amazon«, fühlte ich mich doch aufgerufen, das zu kommentieren: »Gibt es bei dir um die Ecke keinen Buchladen? Wie wäre es, wenn du das Buch dort bestellst?

Die kleinen Läden sind angewiesen darauf, dass man bei ihnen die Bestellung aufgibt. Ist doch schön, wenn man ihnen bei ihrer Existenzsicherung hilft, damit man dann bei Gelegenheit auch noch einen Buchladen hat, bei dem man dann auch mal beraten wird oder stöbern kann ...« Einen Augenblick lang fühlte ich mich unwohl, weil mich drei Augenpaare kritisch musterten. Aber dann sagte die Kleinste von ihnen: »Stimmt. Ich bestelle manchmal sogar beim Verlag, weil die wirtschaftlich eh so unter Druck sind. Mir ist lieber, mein Kauf kommt den Autoren zugute, als wenn Amazon noch mehr Kohle macht.« Mit einem freundlichen Lächeln gingen wir auseinander.

Ja, und ich möchte meinen Lesern hier über den Blog mit auf den Weg geben: Denkt darüber nach, wo Ihr was konsumiert. Konsum entscheidet über Existenzen ... wie sind Eure Gewohnheiten? Wo findet Ihr Eure Lieblingsbücher? Und wie kauft Ihr ein? Freue mich, wenn Ihr kommentiert!

4.9 Wortgerüst

Das Wortgerüst ist eine Methode, mit der man sehr gut erfassen kann: »Was steckt gerade in meinem Kopf«, um es sich dann schnell vom Leibe zu schreiben. Sozusagen sich zu entmüllen von Unnötigem, um richtig mit der Arbeit beginnen zu können.

So geht's

- Sammeln Sie in einem gezeichneten Gitter zwei Verben, zwei Nomen und zwei Adjektive zu Ihrem Thema.
- Beginnen Sie, mit diesen Worten Ihren Text zu schreiben. Natürlich sollen sie zumindest einmal vorkommen!

Ursprung: Gitta Schierenbeck: »Arbeitsmaterialien«

Exkurs: Reizworte

Sie können sich aber auch wie die Dadaisten mit etwas inspirieren, das gar nicht unbedingt mit dem zu tun hat, worüber Sie schreiben wollen. Nehmen Sie das nächstbeste Buch, schlagen Sie es willkürlich auf und suchen Sie daraus die erstbesten zwei Verben, zwei Nomen und zwei Adjektive heraus. Danach schreiben Sie Ihren Text. Und ja, auch dieses Mal sollten die Reizworte vorkommen.

Was steckt in meinem Kopf?

Was steckt in meinem Kopf?

Tandem	krisengebeutelt	bewegen
Sudijumi	kreativ	schreiben

Blogtext »Kreativ gegen Krisen« inspiriert von: Schreibanlass »Das eigene Angebot« + Schreibmethode »Wortgerüst«

Kreativ gegen Krisen

Seit fast zehn Jahren bildet die ASH, die Alice Salomon Hochschule Berlin, im Masterstudiengang »Biografisches und Kreatives Schreiben« aus. Wir haben ihn absolviert und jetzt sind wir als Sudijumi aktiv. Der Name setzt sich aus unseren Initialen zusammen: Susanne Diehm und Jutta Michaud. Wir bieten den kreativen Schreib-Weg aus der Krise und auch Weiterbildungen im Gesundheitsfördernden Kreativen Schreiben (GKS) in Kompaktversion.

Vor dem Studiengang hatten wir beide in Journalismus und PR gut verdient: Jutta hat nach beruflichen Stationen bei Medien, Agenturen und Unternehmen freiberuflich Werbung und PR für Immobilienunternehmen gemacht, Susanne war Kommunikationsmanagerin beim global Player Gillette/P&G. Wie konnten wir ähnlich gut bezahlt in einem in Deutschland noch kaum bekannten Beruf erfolgreich werden?

Aller Anfang ist schwer

Jutta schloss das Studium 2009 ab, Susanne 2011. Wir kannten uns noch nicht. Tasteten uns vor, schrieben die ersten Bücher, sammelten Erfahrung mit Schreibcoaching und Schreibworkshops. Beim Neujahrsempfang der ASH 2013 trafen wir aufeinander. Wir beschlossen, mit vereinten Kräften ans Werk zu gehen.

Dank einer kunsttherapeutischen Ausbildung beim IEK Berlin konnten wir der Macht der Worte die Magie der Bilder unterlegen. Eine ideale Kombination, um als Schreibtherapeutin zu arbeiten. Aber: Fakt ist, dass die Krankenkassen Schreibtherapie immer noch nicht bezahlen. So sinnvoll es auch wäre und so sehr wir uns auch bemühten: Da bissen wir auf Granit. Den Kampf gegen Windmühlenflügel haben wir bislang nicht gewonnen.

Eines Tages kam Susanne auf die Idee, das Kreative Schreiben mit Ergebnissen aus der Resilienz- und Glücksforschung zu kombinieren. Als begeisterte Sportlerin entwickelte Jutta Konzepte, die Schreiben mit Sport und künstlerischen Aktivitäten verbinden. Diese Workshop-Kombination ging wunderbar auf und zog Privatzahler an. Sudijumi war geboren.

Gesundheitsförderndes Kreatives Schreiben

Krisengebeutelte Menschen blühen auf, wenn wir mit ihnen schreiben. Das zeigt uns immer wieder, dass wir auf der richtigen Spur sind. Als Sudijumi prägten wir den Begriff des Gesundheitsfördernden Kreativen Schreibens. Das brachte uns den Durchbruch. Mit dieser eigens geschaffenen Spezialität errangen wir neben unseren individuellen Angeboten dauerhafte Aufträge:

Bundesweit unterrichten wir Lerntherapeuten im Gesundheitsfördernden Kreativen Schreiben.

International führen wir in 4*-Hotels Workshops durch, in denen wir die Gäste mit einer Mischung aus Sport und Entspannung in die (Schreib-)Kunst und hin zu sich selbst führen

Im ubs-Jugendprojekt bringen wir Jugendliche mit und ohne Migrationshintergrund, aber immer mit schwerem biografischem Rucksack, zum erfolgreichen Abschluss ihrer Ausbildung.

Nach erfolgreichen Einzelcoachings ziehen wir jetzt auch Institutionen an, die Menschen mit unterschiedlichen Krankheitsbildern dabei unterstützen, ihre Selbstheilungskräfte zu aktivieren.

Wir schauen hoffnungsvoll in die Zukunft. Alleine wären wir nicht so weit gekommen. Im Tandem bewegt sich das Rad schneller!

4.10 Storytelling

Plotten wie im Märchen? Märchenhaft einfach geht es, einen spannenden Blogartikel mit »human interest« zu erstellen, wenn wir Drehbuchautor Brian McDonald's Schrittfolge gehen. Einfach übertragen und schon haben wir als Grundgerüst aufgenommen, was Storyteller in Wüstengegenden und auch die Gebrüder Grimm als Grundstruktur in ihre Geschichten einfließen ließen. Die sieben Schritte des Storytellings führen uns durch die Struktur einer dramatischen Geschichte. Am Anfang beschreiben Sie Ort, Zeit und Protagonisten. Dann taucht ein Problem auf. Der Held versucht, eine Lösung zu finden, scheitert aber. Bis er zu einem Wendepunkt kommt, von dem an ihm alles gelingt.

Menschen lieben Geschichten: Als Kinder tauchten wir tief ein in Märchen und Gute-Nacht-Geschichten, ließen unsere Fantasie beflügeln, wenn Großeltern »von früher« erzählten, oder erfanden Geschichten, in denen wir die Hauptdarsteller waren. In der Schule konnten wir uns am besten jene Inhalte merken, die gute Lehrer mit Geschichten oder Anekdoten vermischten, die unser eigenes Leben berührten. Später waren es Filme, Romane, Biografien, die uns immer wieder aufs Neue fesselten und bis heute ergreifen. Viele Menschen haben heute ein Bedürfnis nach »echten« Geschichten und Gefühlen, weil sie wissen, dass im weltweiten Kommunikationsverkehr viel Wind um nichts gemacht und die Wahrheit nicht selten zurechtgebogen wird. Genau da kommt Storytelling ins Spiel.

Storytelling rückt Menschen statt Produkte in den Mittelpunkt. »Gespielt« wird mit der Faszination, die etwa von einem Produkt ausgeht, seinem Nutzen, den Gefühlen, die mit der Verwendung des Produkts oder der Inanspruchnahme einer Dienstleistung verbunden sind, und nicht mit dem Produkt selbst. All das wird in einer Geschichte verpackt und die Informationen werden drum herum drapiert. Der Schreibende versucht, in Bildern zu sprechen und Emotionen zu wecken.

So geht's

Strukturieren Sie Ihr Thema entlang dieser sieben Anfangssätze:

- **Satz 1: Es war einmal ...** Führen Sie unter diesen Vorzeichen Ihre Charaktere ein und setzen Sie den Rahmen Ihrer Geschichte. Um wen geht es wo und wann?
- **Satz 2: Und jeden Tag ...** Skizzieren Sie das Alltagsleben Ihres Protagonisten. Wie sieht sein Leben aus, tagein, tagaus?
- **Satz 3: Bis eines Tages ...** Beschreiben Sie den Wendepunkt im Leben Ihrer Hauptfigur. Welches Ereignis wirbelt alles durcheinander?
- **Satz 4: Und dann ...** Lassen Sie Ihren Helden aktiv werden. Nun endlich wacht er auf und nimmt die Fäden selbst in die Hand. Wie sieht seine Lösung aus?
- **Satz 5: Und deswegen ...** Bringen Sie Ihre Hauptperson ein Stück weiter voran. Er muss aber noch eine weitere Krise bewältigen. Haben Sie noch eine parat? Sonst geht es auch nur mit einer.
- **Satz 6: Bis endlich ...** Läuten Sie die Schlussphase Ihrer Geschichte ein. Wie sieht der Heimweg Ihrer Schlüsselfigur aus, um in ihren Alltag zurückzukehren?
- **Satz 7: Und seitdem ...** Erzählen Sie in der finalen Szene, welche Bedeutung die Geschichte für Ihren Helden hat. Was sagt sie ihm, anderen Charakteren der Story und uns, Ihren Lesern?

Ursprung: Brian McDonald's Methode in »Die Macht der Worte« (Diehm/Firnkes)

Satz 1: Es war einmal ...

Satz 2: Und jeden Tag ...

Satz 3: Bis eines Tages ...

Satz 4: Und dann ...

Satz 5: Und deswegen ...

Satz 6: Bis endlich ...

Satz 7: Und seitdem ...

Satz 1: Es war einmal ...	Ingrid, 44, eine Klientin mit Schreibhemmnissen ...
Satz 2: Und jeden Tag ...	Immer kam ihr etwas dazwischen ...
Satz 3: Bis eines Tages ...	An einem Montag dann überraschte sie mich ...
Satz 4: Und dann ...	Und dann kam die Pointe ...
Satz 5: Und deswegen ...	Wenn mich Klienten mit einer Schreibhemmung aufsuchen, dann steht oft ein anderes Thema dahinter ...
Satz 6: Bis endlich ...	Manchmal geht es aber auch darum, einen richtig guten Grund zum Schreiben zu haben ...
Satz 7: Und seitdem ...	Und seitdem lebt sie glücklich mit ihrem Mann.

Blogtext »Ein ganz besonderer Tag« inspiriert von: Schreibanlass »Vergangenheit – Ein Moment, der Ihr Leben verändert hat« + Schreibmethode »Storytelling«

Ein ganz besonderer Tag

Ingrid, 44, eine Klientin mit Schreibhemmnissen, kam zu mir, weil sie fühlte, dass sie einen wichtigen Text in sich trage. Sie könne schreiben, habe immer gewusst, das sei ihr Ding, aber sie setze sich einfach nicht hin und beginne zu schreiben. Immer käme ihr etwas dazwischen: ihre Tochter, die Blumen im Garten müssten gewässert werden, der Hund spazieren geführt, ... also das Genre sei ihr auch noch nicht klar, aber deshalb sei sie jetzt zu mir, dem Schreibcoach gekommen.

Wenn es darum geht, Schreibhemmnisse zu überwinden, dann sind die kleinen, schnell anzuwendenden Übungen wie ABC-Darium und Akrostichon oder Wortgerüst ein guter Start.

Auch Ingrid war bei unseren Terminen sehr schnell in Gang zu bringen – wenn ich Themen aus ihrer Lebenswelt aufgriff, dann schrieb sie geradewegs darauflos und brachte einige schöne Kurzgeschichten zusammen. Zu Freundschaft schrieb sie eine in ihrer Kürze frappierende Geschichte über drei Frauen, deren Freundschaft urplötzlich auf dem Spiel stand, ohne dass zunächst erklärbar war, was dahinter steckte. Erst zum Schluss verstand der Leser, was er zu Beginn nur ahnen konnte.

Warten, bis die innere Stimme sich meldet?

Wir experimentierten mit allen möglichen Formen, Lyrik zum Beispiel mochte sie nicht. Diese Kurzgeschichten, an denen sie sich erprobte, machten ihr Spaß und zumindest in unseren Stunden kamen da einige zusammen. Zu Hause schrieb sie immer noch nicht, weil sie der Meinung war, dass die Inspiration von alleine zu ihr kommen solle und sie schon schreiben würde, wenn ihre innere Stimme das ansagte.

Schreibcoaching oder Schreibtherapie

Als Schreibcoach und Schreibtherapeutin komme ich bei meinen Klienten oft in Situationen, da sind die Übergänge vom Schreibcoaching zur Schreibtherapie fließend. Solange Ingrid zufrieden damit war, dass sie jede Woche bei mir schrieb und Kreativitätstechniken lernte, um in Gang zu kommen, war alles gut. Immerhin schrieb sie, wenn auch nicht zu Hause. Zwischendurch brachte ich ihr Beispiele von berühmten Schriftstellern und deren Arbeitsweise mit; erzählte ihr, dass nicht nur Thomas Mann, sondern auch Ken Follett einen Arbeitstag hatten oder haben, der zu festgesetzten Zeiten beginnt und endet; ich versuchte, ihr zu vermitteln, dass Schreibende sich quasi auch mit ihrer Muse verabreden müssen, damit am Ende ein Text auf dem Papier steht, den man am nächsten Tag dann überarbeiten und verbessern kann. Und natürlich ging ich mit ihr auch in die Tiefe, um herauszufinden, woher dieses Schreibhemmnis kam. Was war ihre Motivation zum Schreiben? Eigener Anspruch, ihre Sehnsucht, wertgeschätzt zu werden, ihre Biografie, alles spielte hinein. Und obwohl sie immer klarsichtiger wurde: Immer noch schrieb sie nur in der Stunde bei mir und nicht zu Hause.

Der stärkste Impuls von allen

An einem Montag dann überraschte sie mich. Sie hatte zu Hause geschrieben! Sie meinte, das Wortgerüst, das wir in der Stunde angewendet hatten, habe ihr so gut gefallen, dass sie es zu Hause noch einmal verwendet habe.

Ich sagte ihr, dass sie mir davon jetzt nicht erzählen sollte, sondern bat sie, es aufzuschreiben. Als sie las, machte sie es spannend und baute die Geschichte auf die ihr eigene Art auf: Zunächst hatte man keine Ahnung, wohin die Story gehen würde. Situative Beschreibung, der Tag ist schön, ihre Protagonistin wandert den Kudamm entlang und schaut sich Eheringe beim Juwelier an...

Und dann die Pointe: *SIE* war diese Frau, sie hatte am Wochenende ihrem Freund einen Heiratsantrag geschrieben und er hatte ihn angenommen!

Moral von der Geschicht'

Wenn Klienten mit einer Schreibhemmung oder gar Schreibblockade den Schreibcoach aufsuchen, dann steht oft ein anderes Thema dahinter. Oft sind es Glaubenssätze aus der Vergangenheit, die verhindern. Manchmal aber auch geht es darum, einen richtig guten Grund zum Schreiben zu haben, eine wirkliche Motivation; eine, die das Schreiben als Transportmittel nutzt: um sich authentisch zu zeigen und Herzenswünsche zu erfüllen.

Seitdem lebt sie glücklich mit ihrem Mann; und wenn sie ihm etwas ganz Wichtiges sagen will, dann schreibt sie es ihm auf.

Kapitel 5

Kombinieren und gestalten – jetzt sind Sie dran

5.1 Unsere Kombinationen

Im letzten Kapitel haben wir zehn Schreibanlässe und Schreibmethoden kombiniert und Ihnen vorgestellt, welche Blogartikel dabei entstanden sind:

Übersicht über unsere Kombinationen von Anlässen und Methoden		
Clustern	Buchrezension	»Fettlogik überwinden«
Mindmap	Fachwörter	»Gedanken zu Stille«
Freewriting	Innere Aussagen	»Künstlertreff mit J. A. Oliver«
ABC-Darium	Jahreszeiten	»Detox im Frühling«
Bezugsliste	Zitate und Sprüche	»Lasst uns mehr Schwäche zeigen«
30-Wort-Methode	Farben und Laute	»Was hilft bei Migräne«
Sketchnotes	Veranstaltungen	»Tara – eine ungewöhnliche Begegnung«
Serielles Schreiben	Aufgeschnappt unterwegs	»Die Bücher, die wir lieben«
Wortgerüst	Das eigene Angebot	»Kreativ gegen Krisen«
Storytelling	Vergangenheit	»Ein ganz besonderer Tag«

5.2 Vorteile von Vorgaben

Jetzt sind Sie an der Reihe. Legen Sie spätestens jetzt los und schreiben Sie Ihre Blogtexte. Beim Schreiben unserer Beispiele haben wir beim Ausprobieren und Überprüfen begeistert festgestellt, welche Vorteile das Bloggen mithilfe von Anlässen und Methoden bietet:

- Die Anlässe geben Ihnen einen konkreten Rahmen, in dem Sie sich bewegen können. Die Anlässe stimmen Sie auf ein Thema ein. Sie zeigen Ihnen, was Sie alles machen können. So wird Ihr assoziatives Feld geöffnet und Sie verlieren automatisch die Angst vor dem leeren Bildschirm.
- Ihre eigenen Gedanken bilden sich wie von alleine: Sie setzten sich in Bezug zum Gelesenen. Sie stimmen zu, lehnen es ab, erhalten unterschiedliche Impulse. Ihnen fallen Aussagen und Thesen ein.
- Die Methoden helfen Ihnen, Ihre Ideen zu sammeln, sie zu vertiefen und in Worte zu fassen. Unbewusste Ebenen werden angesprochen. Sie forschen in Ihrem Erfahrungsbereich nach und holen hervor, was alles schon in Ihnen steckt: nicht nur Gedanken, sondern auch Gefühle.
- Aus dieser Fülle heraus erzielen Sie blitzschnell tiefgründige Schreibergebnisse, die über die Oberfläche hinausgehen.
- Haben Sie die kreativen Schreibmethoden einmal erlernt, helfen sie Ihnen in vielen Lebenssituationen, nicht nur beim Bloggen!
- Mit den Methoden schießen Sie die Schatzkiste Ihres Wissens auf und entdecken das Gold, das in Ihnen liegt. Die Anlässe weisen Ihnen den Weg dorthin!

5.3 Unsere Empfehlung

Kombinieren Sie die Anlässe und Methoden, die Sie »anzupfen«: Wählen Sie intuitiv aus, was Ihnen am meisten zusagt. Beginnen Sie mit dem, was Ihnen leichtfällt. Sie werden feststellen, dass es einfacher ist, nach Anleitung zu schreiben, als wenn Sie alles alleine entscheiden müssen. Die Verengung der Optionen mindert Ihren inneren Erwartungsdruck.

5.4 Varianten

- Lassen Sie sich nur von *einem* Anlass oder *einer* Methode beflügeln. Nutzen Sie die Ideen, die Sie bereits beim Lesen unseres Buches in Ihrem Blog-Logbuch notiert haben, um Ihre Blogtexte zu schreiben.
- »*Würfeln*« Sie Methoden und Anlässen zufällig durcheinander. Sicher sind Sie kreativ genug, um einen Weg zu finden: blind tippen, Zettel ziehen ...
- Wenn Sie eine *Lieblingsmethode* gefunden haben, deklinieren Sie möglichst viele Anlässe mit dieser Methode durch.
- Wählen Sie genau die Methode aus, die für Sie *ungewohnt* ist, und probieren Sie diese Technik aus. Das Experimentieren mit dem Gegenteil kann ganz neue Ideen hervorbringen.

Kapitel 6

Überarbeiten und Optimieren

Bevor Sie auf »Veröffentlichen« klicken und Ihren Blogtext in die Welt hinausschicken, halten Sie inne. Es wird sich lohnen! Schauen Sie mit Abstand auf Ihren fast fertigen Blogtext, den Sie mithilfe unseres Buches geschrieben haben. Überprüfen Sie, ob Sie beim Schreiben an die wichtigsten Grundregeln wie zum Beispiel die Sprache Ihrer Zielgruppe gedacht haben. Wenn nicht, ist nun die Gelegenheit zur Korrektur. Wir haben die wichtigsten Punkte für einen optimalen Blogtext für Sie zusammengefasst, von denen Sie zumindest einige befolgen sollten. Sie werden sehen: Regeln können das Bloggen leichter machen – anstatt es zu erschweren –, denn Sie erhalten von uns sichere Erfahrungswerte. So geht es immer zu Ihrem optimalen Blogtext:

6.1 Checkliste für einen optimalen Blogtext

Kreativität: Behandeln Sie in Ihrem Text originelle und außergewöhnliche Inhalte. Inspirieren Sie Ihre Leser durch neuartige und besondere Sichtweisen und trauen Sie sich, aus der Norm zu fallen. Auf diese Weise **schreiben** Sie automatisch mit Tiefgang und heben sich von der Masse an Blogbeiträgen ab.

Authentizität: Bleiben Sie Ihrer individuellen Schreibstimme treu und behalten Sie Ihre Werte und Ziele als Blogger im Blick. Erinnern Sie sich an Ihre anfängliche Vorhaben: Wie persönlich möchte ich sein? Aus welcher Motivation heraus blogge ich?

Stil: Entscheiden Sie sich für einen Stil. Verfassen Sie Ihren Text bewusst wissenschaftlich oder emotional. Natürlich können Sie auch beides mischen: Schreiben Sie faktisch und berührend, je nach Ihrem Ermessen und den Vorlieben Ihrer Leser und dem, was Ihnen näher ist.

[Ein Nein ist ein bisschen wie ein Zahnarztbesuch... man windet sich drum herum und zieht es hinaus aus Angst vor den unang. Folgen. Hilft aber nur kurzfristig...]

Funktion: Schreiben Sie Ihren Blogtext informativ und/oder unterhaltsam. Die Experten sind sich einig: Leser im Netz scannen Texte rasend schnell. Sie bleiben nur dann am Bildschirm hängen, wenn ein Beitrag das Wissen vermittelt, das sie suchen oder ein Blogpost sie emotionalisiert und mitreißt.

Zielgruppe: Orientieren Sie sich an der Sprache Ihrer Leser. Machen Sie sich klar, für wen Ihr Text geschrieben ist (Alter, Herkunft, Lebensart). Finden Sie heraus, für was sich Ihre Leserschaft beigeistert (Interesse, Trends) und wie sie kommunizieren (Ausdruck, Austausch, Foren).

Leserorientierung: Folgen Sie der AIDA-Formel und schreiben Sie leserfreundlich:

■ Ihr Text erregt Aufmerksamkeit	(Attention)	(Einstieg)
■ liefert Informationen,	(Interest)	(Anfang)
■ weckt Wünsche und	(Desire)	(Mittelteil)
■ fordert zu einer Handlung auf	(Action)	(Ende)

Nutzen: Sorgen Sie dafür, dass Ihre Leser einen Nutzen aus Ihrem Text ziehen, und geben Sie ihnen einen konkreten Mehrwert mit. Machen Sie sich bewusst, wie die Botschaft an Ihre Leser lautet, in einem Satz.

Roter Faden: Führen Sie Schritt für Schritt zu Ihrer Kernaussage hin. Machen Sie jeden einzelnen Gedankengang nachvollziehbar. Greifen Sie Ihren roten Faden immer wieder auf, sodass sich der Inhalt Ihres Textes für die Leser logisch und intuitiv erschließt.

Überschriften: Machen Sie Ihren roten Faden noch deutlicher, indem Sie Ihren Text mit Überschriften versehen und in prägnante Absätze unterteilen. Wie beim Lesen der Schlagzeilen in einer Tageszeitung überschauen Webnutzer Ihren Blogtext mit einem Blick, der entscheidet, ob Sie den ganzen Artikel lesen.

- Überschrift (Header): Anreiz zum Weiterlesen
- Zwischenüberschriften: Zusammenfassung einzelner Absätze

Dramaturgie: Gestalten Sie Ihren Blogtext nach dem Jahrtausende alten Storytelling-Prinzip. Bauen Sie den bewährten Spannungsbogen ein, den wir aus Märchen und Sagen, Romanen und Filmen kennen. Wecken Sie das Interesse an Themen, die Menschen packen (Human Interest). Erzählen Sie in Ihrem Blogtext eine Geschichte mit dramatischer Architektur.

- Es war einmal
- Und jeden Tag
- Bis eines Tages
- Und dann
- Und deswegen
- Bis endlich
- Und seitdem

Metaphern: Schreiben Sie mit allen Sinnen. Verschönern Sie Ihren Blogtext mit Metaphern, vielleicht sogar Poesie und Magie. Finden Sie Bilder für abstrakte Gedanken. Wenn sich Ihr Blogtext um konkrete Sachverhalte dreht, verzichten Sie bewusst auf Metaphern und achten Sie darauf, Ihre Begriffe klar zu benennen.

Umfang: Ihr Text erfüllt die Bedingungen, die Webnutzer laut Studien an einem Text attraktiv finden. Er ist also kurz und bündig. Es sei denn, Sie haben Ihre Gründe, warum Sie ausführlich werden und Sie tun das geschickt mit einem roten Faden, ohne den Leser zu langweilen. Dasselbe gilt für Sätze und Absätze.

- Gesamter Blogbeitrag: 1800 Zeichen
- Einzelner Absatz: max. 7 Zeilen
- Einzelner Satz: max. 15 Wörter

Rechtschreibung: Überprüfen Sie Ihren Blogtext auf Rechtschreibung, Kommasetzung, Grammatik, Flüchtigkeits- und Tippfehler. Wenn Sie Ihren Text im Entstehungsprozess oft umgestellt haben, achten Sie auf eine vollständige Satzstruktur. Seien Sie achtsam bei der automatischen Korrektur Ihres Schreibprogrammes, die manchmal abstruse Fehler einbaut.

Quellen: Weisen Sie alle Zitate und Quellen als solche aus und verlinken Sie direkt zu den jeweiligen Websites oder Foren. Lassen Sie sich von anderen inspirieren, aber bleiben Sie authentisch und rechtlich korrekt. Das macht Ihren Blogtext fundiert und vertrauenswürdig. Studien ergaben, dass Leser im Netz Texten viel weniger Glauben schenken als in den Printmedien. Geben Sie hier also noch mal alles.

Diese Checkliste bezieht sich allein auf Ihren Blog-*Text*. Aspekte wie Bild-, Audio- und Videomaterial haben wir bewusst ausgespart, um uns auf das kreative Schreiben zu konzentrieren. Ebenso gehen wir nicht auf jeden möglichen Schritt in der Überarbeitungsphase bis ins Detail ein, denn das würde zu weit führen und Ihren Schreibflow zu sehr unterbrechen. Wenn Sie tiefer in das Thema Texten im Web eintauchen möchten, empfehlen wir Ihnen die Bücher »Erfolgreiche Webtexte« von Sabrina Forst oder »Erfolgreiche PR- und Unternehmenstexte« von Susanne Diehm und Jutta Michaud. Die Bereiche Marketing und SEO können Sie in »Blog Boosting« von Michael Firnkes und Robert Weller nachlesen.

Die meisten Punkte unserer Checkliste erklären sich für Sie wahrscheinlich von selbst. Viele Punkte haben Sie in unserem Buch bereits kennengelernt und erprobt. Einige Aspekte möchten wir Ihnen jedoch besonders ans Herz legen, da wir sie so wichtig finden: »AIDA. Leserorientiertes Schreiben«, »In der Kürze liegt die Würze« und »Mit allen Sinnen schreiben«. Unsere Erfahrung hat gezeigt: Mit der Zeit verinnerlichen Sie diese Aspekte und denken sie zu Beginn des Schreibens Ihres Blogtextes automatisch mit, sodass Sie am Ende nur noch kleine Änderungen vornehmen müssen.

6.2 AIDA. Leserorientiertes Schreiben

AIDA ist nicht nur ein Traumschiff, sondern auch eine Formel zum Bloggen. Elmo Lewis entwickelte 1898 das vierstufige Modell AIDA, das sich aus den Anfangsbuchstaben der vier Werbeziele zusammensetzt: Attention, Interest, Desire und Action. Wenn Sie diese Vorgaben beachten, behalten Sie Ihren Leser im Blick und schreiben Texte, die emotionalisieren. AIDA ist – auch heute noch – eine wunderbare Hilfe, um leserrelevante Texte zu schreiben. Nehmen wir unser Beispiel über den Buchkauf »Die Bücher, die wir lieben« auf Seite 121.

A Attention Aufmerksamkeit erwecken

Einstieg: Das Belauschen eines Gespräches

I Interest Information geben

Jede Frau gibt ihre Empfehlung: Der Buchhandel verliert mit Amazon.

D Desire Wünsche erwecken

Die Frauen möchten Bücher finden, die sie lieben.

A Action Handlung erzeugen

Lassen Sie uns den Buchhandel fördern, indem wir Bücher im Buchladen kaufen!

Für das Bloggen, bei dem wir uns normalerweise nicht die Mühe machen, den Blogartikel nach rhetorischen Vorgaben aufzubauen, wie sie für Reden etc. verwendet werden, funktioniert diese Kurzform fast immer. Sie finden einen Einstieg, der Aufmerksamkeit erweckt. Sie geben Informationen, die gut recherchiert sind. Sie erwecken eine Emotion oder ein Bedürfnis und Sie enden mit dem Aufruf zu einer Handlung. Mit dieser Formel sind Sie ganz bei sich und doch auch bei Ihren Lesern.

6.3 In der Kürze liegt die Würze

Kurze Blogtexte, inklusive knackigen Titeln und Sätzen, sind von großer Bedeutung, damit Ihre Leser am Ball bleiben. Mit den folgenden kleinen, aber feinen Regeln und Übungen möchten wir Ihnen helfen, Kürze und Würze zu üben und sie in Zukunft von vorneherein mitzudenken, wenn Sie Ihren Blogtext schreiben. So ersparen Sie sich viel Mühe in der Überarbeitungsphase Ihres nächsten Textes.

Aufmerksamkeit ist ein rares Gut, und wir sind gut beraten, die Aufmerksamkeit des Lesers mit knackigen Sätzen voller Witz und Pointen einzufangen. Sie können das üben, indem Sie versuchen, in der Form von Tweets zu komprimieren, was die wichtigste Aussage Ihres Blogartikels ist.

Kurze Titel: Tweets und Elfchen

Schreiben Sie die wichtigste Aussage Ihres Blogtextes in ein Tweet. 140 Zeichen, mehr haben Sie nicht!

Oder Sie schreiben ein Gedicht aus elf Wörtern, ein Elfchen, um klar zu erkennen, worum es Ihnen in einem Artikel geht, den Sie selbst als zu lang empfinden. Hier könnte das Elfchen so lauten:

Schreiben
ist leicht
mit einem Anlass,
der motiviert und beglückt
Hochzeit!

Nachdem Sie komprimiert haben, können Sie leichter kürzen oder auch einen Titel finden, der anzieht.

In der Welt, die von Google und anderen Suchmaschinen dominiert ist, besteht als favorisierte Strategie, dass Sie klare, nicht-metaphorische Sprache verwenden, die Schlüsselworte enthält. Online-Leser sind »Scanner«, sie überfliegen und entscheiden blitzschnell, was sie interessiert und was nicht. Also lohnt es sich, sich beim Titel einer Story Mühe zu geben. Gut beraten der Schreiber, der seine Botschaft in einen Satz packen kann, der Subjekt, Verb und Objekt enthält: Aus »Ein ganz besonderer Tag« wird daher besser: »Klientin schreibt Liebhaber ...«, was sofort die Frage beim Leser erzeugt, was sie schreibt und warum sie schreibt und was für eine Art der Klientin das wohl ist? Die Moral hier ist einfach: Essenzielles Storytelling soll in die Überschrift.

Kurze Sätze: Pointierung

- Suchen Sie sich Blogschreiber, die kurz und pointiert schreiben und deren Texte Ihnen gefallen.
- Folgen Sie ihnen. Über die Zeit werden Sie herausfinden, wie Pointierung funktioniert.
- Schreiben Sie Lieblingssätze, die Sie knackig und kurz finden, in Ihr Blog-Logbuch.
- Egal, ob Sie diese Sätze in einer Speisekarte, auf einem Schild oder an der mit Graffiti übersäten Toilettenwand finden. Das trainiert Ihren Blick und Ihren Ausdruck.

6.4 Schreiben mit allen Sinnen

Beleben und bedienen Sie schreibend alle Sinne. Der Geruch einer Nelken-Zigarette katapultiert mich in die Zeit einer Balireise. Der Klang eines Instrumentalsongs von Santana erinnert mich an meinen ersten Blues. Wenn ich Zimt-Kaugummi schmecke, denke ich an meine amerikanische Freundin; wenn ich schneebedeckte Berge sehe, wünsche ich mich zurück in unser Chalet in der Schweiz.

Wir sind umgeben von Klängen, Gerüchen, Geschmack und Aussichten, die unsere Erinnerung stimulieren und Gefühle erwecken. Das können Sie nutzen: Auch Ihre Leser reagieren, wenn sie sinnlich angesprochen werden und das Kopfkino nicht nur Gedanken, sondern Bilder mit Gerüchen und Farben erzeugt. Daher: Schreiben Sie so konkret wie möglich und nicht abstrakt. Statt: »Es roch nach Essen« schreiben Sie: »Der Geruch nach Curry hing in der Luft«.

Eine biografische Übung für Ihr Blog-Logbuch

Schreiben Sie mit allen fünf Sinnen:

- **Ich sehe:** Schauen Sie Fotos von sich als Kind an. Wählen Sie eines aus. Schreiben Sie, was man auf diesem Foto nicht sieht. Oder beschreiben Sie Ihr Kinderzimmer.
- **Ich höre:** Wenn Sie den Sound schaffen sollten, der Ihr Leben beschreibt, welche Musik wäre das? Oder: Wie klingt für Sie Stille?
- **Ich rieche:** Schreiben Sie eine Metapher zum Geruch einer Rose. Oder was Ihnen bei stinkenden Socken in den Sinn kommt.
- **Ich schmecke:** Ein Stück Zitrone aussaugen: Was passiert in Ihrem Mund? Schreiben Sie über ein Gericht, das Ihre Mutter Ihnen nahe gebracht hat.
- **Ich fühle:** Schreiben Sie über: ein Handschlag. Eine Umarmung. Was lösen die Worte bei Ihnen aus?

Ursprung: »Writing from the Senses«, Laura Deutsch

6.5 Feedback einholen

Sie können anhand unserer Checkliste selbst Ihren Text überprüfen. Oder Sie können ein Feedback von außen einholen. Jeder Kurzgeschichten- oder Romanautor macht das. Kapitel um Kapitel. Ob Ihr Storytelling oder Ihr Blogartikel funktioniert und so ankommt, wie Sie das wollen, das können Sie testen. Zumindest zu Beginn, wenn Sie vielleicht noch unsicher sind. Lassen Sie Freunde oder professionelle Leser lesen und fragen Sie nach der Wirkung Ihres Textes. Mit dem Feedback-Wunschzettel im Kasten unten stellen Sie sicher, dass Sie genau die Art Feedback erhalten, die Sie wollen. Wir haben dazu eine Vorlage aus dem beruflichen Schreiben im Team für Blogger adaptiert, die von Eva-Maria Lerche (Wege zum Schreiben) stammt.

Feedback-Wunschzettel

Feedback-Wunschzettel von ....

Thema des Textes ist ....

Die Zielgruppe des Textes sind meine Blogleser, hauptsächlich

....

Der Text ist im Stadium (Autor bitte ankreuzen)

❑ Ideensammlung ❑ Entwurf ❑ halbwegs fertig

❑ weitgehend fertig ❑ strukturell überarbeitet

❑ sprachlich überarbeitet

Mein Feedback-Wunsch sind die Beantwortung der Fragen:

Was kommt als Anliegen in diesem Text herüber?

Wie wirkt er, in welche Stimmung versetzt er? Gibt es eine Metapher dafür?

Was ist die stärkste Stelle des Textes?

Was fehlt dir noch? Wo möchtest du mehr wissen?

An welchen Stellen kannst du die Reise des Helden/Protagonisten (nicht) nachvollziehen?

An welchen Stellen wurde deine Aufmerksamkeit geweckt? (A)

Welche Informationen hat dir der Text vermittelt? (I)

Welche Wünsche hat der Text bei dir geweckt? (D)

Zu welchen Handlungen fordert dich der Text heraus?

Lieber Leser meines Blogbeitrags,

hier bin ich mir noch unsicher.

....

bitte achte besonders darauf

....

Mit diesen Fragen werden Sie herausfinden, welche Reaktionen Ihr Text hervorruft.

Vergessen Sie nicht, sich nach der Abfrage bei Ihrem Leser zu bedanken, denn er hat Ihnen mit seinem aufrichtigen Feedback bestimmt geholfen.

Kapitel 7

Schluss

7.1 Inspiriert bleiben mit dem Editorial Calendar

Eine gute Methode, um dauerhaft inspiriert zu bleiben, ist ein Editorial Calendar. Wie in einer Redaktionskonferenz bei der Zeitung planen Sie Ihre Beiträge Monate im Voraus. Wenn Sie bestimmte Themen, wie zum Beispiel die Jahreszeiten, auf der Agenda haben, werden Ihnen über die Zeit Informationen dazu in den Schoß fallen. Schreiben Sie sich passende Schreibanlässe wie Jubiläen oder Feiertage frühzeitig in Ihren Kalender. Diese Notiz stellt sicher, dass Sie an alle potenziellen Blogthemen denken und den richtigen Moment erwischen. Aber es gibt noch einen anderen Grund: Durch das Vorausplanen wird Ihre Aufmerksamkeit Tage vorher auf das Thema gelenkt. Sie beginnen unbewusst, Ideen zu entwickeln, und das Schreiben wird Ihnen leichter von der Hand gehen. Wir empfehlen Ihnen, einen Jahresplan mithilfe Ihres Blog-Logbuchs anzulegen.

Schauen Sie Ihr Blog-Logbuch oder Ihre digitalen Notizen durch und filtern Sie die Ideen heraus, die sich für zukünftige Blogtexte eignen würden. Fassen Sie Ihre Ideen zu einem Thema zusammen oder wählen Sie ein prägnantes Stichwort aus. Tragen Sie dieses in Ihren Terminkalender ein oder legen Sie sich einen extra Kalender an. Je nachdem, mit welcher Häufigkeit Sie bloggen, kann der Kalender eine Woche, einen Monat oder ein Jahr überschauen. Überlegen Sie, zu welcher Zeit Ihre Themen besonders gut passen würden, oder setzen Sie Ihre Themen in Lücken, die Sie noch füllen müssen. Schaffen Sie sich auf diese Weise Ihre ganz eigene Liste von Schreibanlässen!

Noch ein nützlicher Tipp: Nehmen Sie sich Zeit und planen Sie Ihr Jahr durch. Zu welchen Workshops, Messen und Fortbildungen werden Sie fahren? Wann sind relevante Feiertage und Jubiläen? Markieren Sie auch Ihre Urlaube und Reisen oder andere wichtige private oder berufliche Ereignisse. Nicht zu vergessen das eigene Angebot, das ansteht. All das sind Anlässe für potenzielle Blogartikel. Ihr Editorial Calendar wird Sie dann daran erinnern, zum richtigen Zeitpunkt darüber zu schreiben.

7.2 Authentisch bloggen

Der Editorial Calendar ist eine gute Hilfe, um kontinuierlich abwechslungsreiche Blogartikel zu schreiben. Aber Planen ist nicht jedermanns Sache und muss es auch nicht sein! Uns ist am wichtigsten, dass Sie Ihren eigenen, authentischen Weg hin zu guten Blogtexten finden. Wenn Sie die besten Blogartikel morgens nach dem Aufstehen – ganz spontan von Tag zu Tag – schreiben, dann tun Sie das bitte wie die Bloggerin Franziska Schramm – und stehen genau so selbstbewusst dazu:

> Es ist fünf Uhr morgens. Ich bin wach. Ich blogge.
>
> Ich blogge, weil mir gerade ein Gedanke durch den Kopf geschossen ist. Und der Gedanke war so wichtig, dass ich aufstehen, den Laptop hochfahren und in die Tasten tippen musste.
>
> Ich glaube, damit schieße ich die 197 goldenen Regeln für »erfolgreiches Bloggen« endgültig in den Wind. Ich habe keinen Redaktionsplan. Ich plane überhaupt nicht, wann ich schreibe und was. Und ich habe auch sonst nichts von dem, was diese selbst ernannten Blogging-Gurus da draußen empfehlen. Keinen exklusiven Super-Content zum kostenlosen Download, keine Mailinglist mit brandaktuellen News und auch keine So-funktioniert-das-Leben-Anleitung auf Knopfdruck.
>
> Ich glaube, das liegt vor allem daran, dass die Blogs, die ich gerne lese, genau all das NICHT haben.
>
> Zum Beispiel der Blog *Mein achtsames Ich* von Autorin Tania Konerth, in dem sie von ihrem Weg zu mehr Selbstfreundlichkeit und Achtsamkeit mit sich selbst erzählt. Oder *Das kreative Business-Blog*

von Selbstverlegerin Nathalie Bromberger, die über den Mut zur eigenen Vision schreibt ... und zeichnet.

All das sind Blogs, die mir nichts verkaufen wollen. Und die mich nicht für dumm verkaufen. Und das mag ich.

Überhaupt mag ich Blogs, die klüger machen, die gute Ideen haben. Die mich anstupsen und sagen: Hey, hast du darüber schon nachgedacht? Blogs, denen man anmerkt, dass die Menschen, die sie schreiben, eine eigene Lebensphilosophie haben ... und diese in die Onlinewelt übertragen.

Diese Ideen sind vielleicht gar nicht so neu oder originär – aber sie sind, in der Art und Weise, wie sie erzählt werden, einzigartig und unverwechselbar.

Ich denke, das ist auch der Grund, warum ich blogge. Mich interessieren meine Ideen. Mich interessiert, warum mir Schreiben so wichtig ist. Mich interessiert, warum anderen Schreiben so wichtig ist. Und ich versuche, kleine Fetzen davon zu fassen zu bekommen. Die ich nach und nach zusammensetze, mit jedem Blogbeitrag ein wenig mehr.

Ja, natürlich freue ich mich über Leser. Am allermeisten tatsächlich über Kommentare. Und zwar nicht nur, weil ich mir denke: »Wie geil, jemand liest mich!«, sondern auch, weil ich den Austausch schätze und brauche. Um meine Gedanken zu schärfen. Aspekte hinzuzufügen, die ich noch nicht bedacht habe. Gegenpositionen abzuwägen. Klarer zu werden in dem, was ich sagen will.

Es gibt ein Gedicht von Reiner Kunze mit dem Titel »Poetik«. Darin heißt es: »Das Gedicht / ist der blindenstock des dichters / Mit ihm berührt er die dinge, / um sie zu erkennen.« Ich denke, dass Bloggen auch so eine Art Blindenstock sein kann. Vielleicht um die eigenen Ideen und die eigene Haltung zum Leben abzutasten.

Was denkt ihr? Und: Warum bloggt ihr?

Quelle: selbstversunkenheit.wordpress.com/

Womit wir wieder am Anfang gelandet wären.

7.3 Regeln und Regeln brechen

Ziel unseres Buches ist, dass Sie guten Content erstellen, der aus Ihnen selbst heraussprudelt, immer wieder aufs Neue. Dabei kann Ihnen der Editorial Calendar helfen. Wir haben Ihnen darüber hinaus gezeigt, wie Sie Regeln folgen. Wenn Sie an irgendeiner Stelle eine Regel brechen müssen, dann ist das ein Zeichen dafür, dass Sie gelernt haben, Ihrem inneren Kompass zu vertrauen und eigene kreative Regeln aufzusetzen. Wenn Sie zum Beispiel das Gefühl haben, Ihnen entsprechen kurze Blogtexte nicht, dann schreiben Sie lange Artikel. So wie Lisa auf ihrem Blog. Sie tut dies ganz bewusst, mit allen Vor- und Nachteilen. Vorteile sind, dass Lisa detailliert und wissenschaftlich-fundiert in die Tiefe gehen kann. Ihre Texte sind am Ende druckreif und das ist ihr Ziel: Sie nutzt ihren Blog als Plattform für anschließende Veröffentlichungen in Magazinen, Zeitschriften und Büchern. Dafür nimmt sie in Kauf, dass ihre Leser nur alle paar Monate von ihr hören, anstatt wöchentlich oder täglich. Denn sie benötigt für das Schreiben ihrer Artikel viel mehr Zeit als andere Blogger. Ebenso verlangt sie viel von ihren Lesern. Sie müssen ein großes Interesse mitbringen, um ihre Texte am Bildschirm geduldig bis zum Ende zu lesen. Behalten Sie immer im Hinterkopf, wieso Sie die Regeln brechen. Rufen Sie sich Ihre Motivation in Erinnerung und halten Sie Ihr Ziel vor Augen. Nur dann gewinnt Ihre Andersartigkeit an Stärke, Klarheit und Alleinstellung. Susanne ist der andere Typus: Sie schreibt ihre Texte gerne schnell und erlaubt sich, sie nur leicht redigiert in die Welt zu schicken. Für sie ist wichtig, dass die Emotion übermittelt wird, auch wenn dafür mal eine Formulierung nicht ganz so gelungen erscheint. Für sie ist der Prozess, die Schreibreise, wichtiger als das Produkt, der fertige Blogartikel.

Damit schließt sich der Kreis und wir wären wieder ganz am Anfang unseres Buches angelangt. Wie in der Einleitung betont: Hinter jedem Blogtext stehen Menschen und Geschichten – Sie –, die wir in den Vordergrund rücken möchten.

Wir wünschen Ihnen eine gute Schreibreise und erfolgreiche Blogartikel!

Stichwortverzeichnis

P

Q

R

S

T

U

Susanne Diehm, Michael Firnkes

Die Macht der Worte
Schreiben als Beruf

2. Auflage

- **Neuauflage mit neuen Themen: Content Marketing, Storytelling, Ghostwriting, Drehbuch schreiben**
- **Interviews mit Experten aus neuartigen Schreibberufen**
- **Mit zahlreichen Tipps und Hinweisen zum professionellen Schreiben**

Guter Content ist die Basis für Erfolg – online und offline. Gute Texter werden in allen Bereichen immer häufiger gesucht. Gleichzeitig träumen mehr und mehr Menschen davon, in einem Schreibberuf ihr Geld zu verdienen. Und es gibt viel mehr Möglichkeiten, vom Schreiben zu leben, als man denkt.

Susanne Diehm und Michael Firnkes führen Interviews mit zahlreichen Textern aus den unterschiedlichsten Feldern: von der Social-Media-Beraterin und dem PR-Profi über Schreibberatung und -therapie bis hin zur Autorin von Erotik-E-Books. Die Erkenntnisse aus den Interviews werden in jedem Kapitel nutzbringend aufbereitet und zusammengefasst: Wie ist der Werdegang für diesen Beruf und was sind die typischen Arbeitsaufgaben? Welchen Herausforderungen müssen sich die Profischreiber stellen? Wie lange dauert es, bis sich der finanzielle Erfolg einstellt? Aber auch: Was muss ich bei Selbstständigkeit beachten? Wie überwinde ich Schreibblockaden? Was ist guter Schreibstil?

Das Buch ist eine Orientierungshilfe für das weite Feld der Schreibberufe: Einsteiger erfahren, welche Art des Schreibens zu ihnen passt und wie sie ihr Hobby zum Beruf machen können; gleichzeitig ist es ein Nachschlagewerk für Schreibprofis, die ihre Kenntnisse über Kreatives Schreiben auffrischen wollen und neue Betätigungsfelder suchen.

Leserstimmen zur 1. Auflage

»Hier werden definitiv neue Möglichkeiten gezeigt, um sich im Berufsleben schreibend zu verändern. Mir hat das Buch sehr gut gefallen.«

»Großartig, weil es nichts beschönigt, sondern vor allem auf die Leidenschaft fokussiert, die die meisten der Profi-Schreiber auszeichnet.«

»Ich empfehle dieses Buch den langjährig professionell Schreibenden ebenso wie jungen Kolleg/innen, die sich gründlich auf dem Markt umsehen möchten, um ihr Tätigkeitsprofil fundiert zu entwickeln.«

Probekapitel und Infos erhalten Sie unter:
www.mitp.de/106

ISBN 978-3-95845-106-3